JN125830

[超復活版]

謎の新撰姓氏録

高橋良典

はじめに

『新撰姓氏録』に記された奇妙な神名、人名、地名

皆さんはご存知だろうか。この日本に『新撰姓氏録（しんせんしょうじろく）』という名の、非常に奇妙な、面白い本があることを。おそらく皆さんは今まで知らなかったにちがいない。いや、知ってはいても、実際に読まれたことはないにちがいない。

今どき、そんなに面白い奇妙な本が日本にあるはずはないから、ひょっとしたらその本は何かいかがわしい本ではないか、と思う方もおられるだろう。

けれども、この本は決していかがわしい本ではない。それは確かに人をワクワクさせ、興奮させる本だが、決してあやしい本ではない。なにしろ、この本は、日本で最も由緒正しい天皇家が監修した本だから、いかがわしいどころか、実にマジメで、実にムズカシイ本である。おそれ多くてなかなか手が出ない本だ。

その読み方を知らない人は、なんだ、それは今から千二百年も前に書かれた日本の有力氏族の家系由来記ではないか、その本はちっとも面白い本ではないし、少しもオカシイ、奇妙な本ではない、

という。

この本は、平安初期に嵯峨天皇が万多親王らにまとめさせた本で、そこには当時の日本を代表する千何百人かの氏族の出身地や始祖、同族のことや現住地が、やたらに難しい漢字で書かれているだけだ、少しも面白い本ではないし、専門の研究者に任せておけばいい、それに、今どきそんな難しい本を読んでなんになる、と思いがちだ。

ところが、この『新撰姓氏録』は、天皇家が監修しただけあって、なかなか面白い。面白いだけでなく、いわくありげである。いわくありげというより、とんでもない秘密が隠されている。いわば、古代天皇家と日本の有力氏族の秘密の〝暗号文書〟なのである。

なぜ、この本が〝暗号文書〟かと言えば、まず第一に、この本は今の日本人が読んでも何が書いてあるかサッパリわからない。それは昔の本だから当然だ、と皆さんは思うかもしれないが、そうではない。その証拠に、皆さんは『新撰姓氏録』よりもっと前に書かれた『万葉集』を読んで、ほとんどその意味がわかる。それなのに、この『新撰姓氏録』に記された天皇家や有力氏族の出身地は、読んでみても意味がほとんどわからない。これは、考えてみれば、非常におかしい、奇妙なことだ。

次に奇妙なのは、この『新撰姓氏録』に登場する我々の祖先の名前である。皆さんは、この本の中に記された自分たちの祖先の名前がどのようなものか、多分ご存知ないから、学校で教わっている古代日本の歴史にほとんど疑問をもったりしないが、一度でもこの本を読めば、自分たちの祖先は何者だろうかとギョッとしてしまう。

つまり、誰かさんの祖先はウジュヌ（鵜濡渟）で、誰かさんの祖先はヒキソノコロ（日吉曾乃己呂）だ、ウカツクヌ（宇賀都久野）だとか、誰かさんの祖先はイリシシャレシ（伊利斯沙禮斯）で、誰かさんの祖先はツクニリクニ（都久爾理久爾）だ、オスス（小須須）だ、タリスス（田利須須）だ、という具合に、実にヘンテコリンな、チンプンカンプンの名前が次々に登場する。

また、鈴木さんの祖先の系図には、フツクロ（布都久呂）とかガホウコ（我包乎）、ダイシンガ（大新河）、ダイメプ（大売布）、アラカヒ（麁鹿火）といった奇妙な名前がたくさん出てくる。天皇家の祖先にもワンコ王（椀子王）やショックリ王（殖栗王）、クルメ王（来目王）といったおかしな名前の皇族がいたり、ヲオフト（男大迹＝継体天皇）やオケ（億計＝仁賢天皇）、ホムダ（誉田＝応神天皇）といったわけのわからない名前をもった天皇がおられる。

これらの奇妙な名前は、何も私がことさらオカシナものを選んだわけではなく、『新撰姓氏録』全三十巻のいたるところに見受けられる。しかも、これは『新撰姓氏録』にかぎったことではなく、『古事記』や『日本書紀』その他の資料に登場する神々や天皇、日本古来の有力者の名前についてもあてはまる。

このようなことは、今まで、すべて、別に不思議とも思われなかった。とにかく、昔のことだから、我々にはわからないのが当然だ、と思っていた。けれども、実はそうではない。

皆さんは、ここで私が、鈴木さんの祖先の物部一族はインドのマハバリプラムやファテガルにいた、マレー半島のクアラトレンガヌやジョホールラマ、シンガポールにいた、物部一族の初代の神とされている饒速日(にぎはやひ)は紀元前三世紀のインドにあったマガダ国のアショーカ王だ、二代目の神の味(うまし)真治(まぢ)はアショーカ王の息子のマヘンドラだった、と言ったらどう思われるだろうか。おそらく大部分の方は、私のことをちょっとオカシナ人間ではないかと思われるだろう。

しかし、このようなオカシナことを言っているのは、何も私が初めてだというわけではない。時代は七百年くらい前に遡るが、鎌倉時代に『源平盛衰記』を著わした作者は、この軍記物の中で、今みた鈴木さんの祖先がインドから日本へやってきたことを、次のように述べている。「ウイ、ススキ党と申すは、権現、摩伽陀国(マガダこく)より我が朝へ飛び渡り給ひし時、左右の翔(つばさ)と為りてわたりしによりて、熊野をば吾がままに管領す」

ホントに「ウイ」と言ってこのように語る鈴木さんのご先祖の証言をそのまま信じていいものかどうか、皆さんはまだ半信半疑ではないかと思う。だが、中世の『源平盛衰記』の作者は、鈴木氏の祖先がインドのマガダ国から渡来したとハッキリ述べているのだ。

そして我々は、今まで物部一族の〝大売布〟や〝大新河〟をダイメプ、ダイシンガと読んできたが、これをインドのマガダ国で使われていたサンスクリット語風に読めば、〝マハバリプラム〟〝マハーシンガ〟となる。マハバリプラムのすぐそばにあるカンチーの町(カンチープラム)のカンチー氏は、チーカン〜シーカン〜シーキン〜シキと訛ったあとで、物部一族の〝志貴〟氏に変身した……。さきのヒキソノコロにしても、これをノコロキソヒと入れ替えて読んでみると、どことなくインドシナの古代都市ナコンラチャシマの呼び名に似ていて、日吉曾乃己呂はインドから日本へ渡来した我々の祖先の中継地点を暗号化した神名のように思われてくる。

このような例が、もしも百例にも満たないなら、私も『新撰姓氏録』が〝暗号文書〟だと思ったりはしない。けれども、この本に記された神名や人名、地名にはあまりにも奇妙なものが多すぎて、ここには何か大きな秘密が隠されているのではないかと思う。皆さんもそう思わないだろうか。

実在の歴史を神話化するために用いられた〝アナグラム〟

そこで私は、これらのオカシナ名前を次から次に分析してみた。すると、『新撰姓氏録』の漢字名はどうやらただの当て字で、その多くは、日本以外の土地で活躍した我々の祖先の歴史を神話化するために、元の名前を暗号化したものらしい、という途方もない結論に至ってしまった。と同時に、その暗号化のプロセスの中で、古代世界の各地で行なわれていたアナグラム Anagram の秘法が盛んに用いられていることを突きとめた。

このアナグラムについては、本文の中で多くの実例を挙げて詳しく説明するが、ひとことで言えば、それは、本当にあったことを神話化するために、事件に関わるすべての固有名詞の綴り(つづ)を入れ替えてしまう手法である。このアナグラムは、古代世界のどこでも、実在の歴史を神話化する手法として頻繁に使われた形跡がある。

たとえば、古代のギリシャでは、この地がかつてエジプトの支配下にあったことを隠すため、エジプトのテーベで起こった事件をギリシャで起こった事件として伝え、それに関わる地名や人名をすべてギリシャ化してしまった。その典型的な例が、テーバイ（テーベ）を舞台としたオイディプス（アメンホテップ四世）の物語である。皆さんの知っているギリシャ神話は、かつてエジプト人が地中海一帯で活躍していた頃の実際の歴史から、時間と空間の目印をはぎとり、歴史上の人物からその人が活躍した時代と場所の記憶や本人の実名を消し去ったものが中心的なテーマになっている。

古代ギリシャの新しい支配者がなぜこのようなアナグラムを用いて過去の歴史を神話化したかと言えば、それは、すべての記録を抹殺してしまえば、自分たちの祖先に関する記憶をも同時に失うことになるからである。賢明な支配者であれば、そんなことをするより、このアナグラムを使って歴史を神話化する方法を選んだであろう。つまり、彼らはこのアナグラムによってエジプトの歴史を神話化する一方で、過去の歴史を関係者だけが知り得る手がかりとして、神話を残したのである。

古代の日本でアナグラムが用いられた動機はギリシャと同じではなかったが、結果は同じである。実際の歴史がアナグラムによって神話化されてしまうと、過去の生々しい記憶は薄らぎ、本当のことはアナグラムを適用した関係者以外にはわかりにくくなる。もしもアナグラムを用いたこと自体が忘れ去られてしまえば、神話はあくまでも神話としてしか理解されなくなる。

けれども、皆さんにはぜひ知っておいていただきたい。『新撰姓氏録』に記された古代日本の神々の奇妙な名前が、実際の歴史で活躍した人物の名前をアナグラムによって変形したものであるなら、私たちは、アナグラムの手法を再び『新撰姓氏録』に適用することによって、日本神話という形で実在の刻印をはぎとられた本当の歴史、私たちの祖先がかつて活躍した時代や場所、神々のモデルとなった実在の人物が誰であったか、などを明らかにできるはずだ。皆さんも、この本を読み進むにつれて、そのことを理解されるだろう。

本書は、そのようなアナグラム分析の手法を日本の『新撰姓氏録』に適用して得られた、意外な結果を記したものである。その結果はあまりにも予想外で、私自身でさえ今でも信じられない気持ちになる。しかし、その結果がもしも事実であるとすれば、これは本当に大変なことである。何が大変なのか、それを私自身がうまく言えないほどである。

しかし面白いので最後までジックリと読んでください。

平成二年午の年　正月

高橋良典

カバーデザイン　櫻井浩（⑥Design）
本文仮名書体　文麗仮名（キャップス）

［超復活版］謎の新撰姓氏録◆目次

はじめに

第1章　古鏡に刻まれた謎の古代文字を読む

第2章　封印された歴史を〝アナグラム〟で解く

第3章　『新撰姓氏録』の〝暗号〟解読が始まった

第5章　伝説の神々の楽園〝デカンの天都(アメンプル)〟を求めて

第6章　『マハーバーラタ』の英雄は日本の神々だった！

第8章 いま黄泉（よみ）がえる古代日本のクル文明

第1章

古鏡に刻まれた謎の古代文字を読む

日本に実在した漢字以外の古代文字⁉

ここに一枚の古い鏡がある（左ページの写真）。この鏡は、法隆寺の南方、奈良県広陵町大塚の新山古墳から出土した鏡（新山古墳出土鏡Ａ）である。現在、宮内庁に保管されているこの鏡の縁をよく見ていただきたい。鏡の縁に刻まれた文様はなんだろうか。

読者は、この文様を文字と考えるだろうか、それとも単なる模様と考えるだろうか。

これまで私たちは、この文様をただの模様としか思わなかった。日本の古墳時代の鏡に漢字以外の文字が刻まれている、とは夢にも思わなかった。

しかし、よくよくこの鏡の文様を見てほしい。ちょっとオカシイとは思わないだろうか。この文様は、ただの模様にしては繰り返しの規則性がない。模様と考えるには、ちょっと複雑すぎる。これは、ひょっとしたら、ただの模様ではないのではないか。

しかし、これがただの模様でないとしたら、それは何を表わしているのだろうか。漢字を知らない古墳時代の作者がデタラメに彫ったイタズラなのだろうか。それとも……これは私たちがまだ知らない、古墳時代の文字なのだろうか。

私は、このように奇妙で不思議な文様が刻まれた鏡が他にもあるのか、調べてみた。すると、このような鏡は他にも十枚以上あることがわかってきた。

新山古墳出土鏡A

この鏡が出土した新山古墳からは、これ以外にも、同じような文様が刻まれた鏡（新山古墳出土鏡B）が見つかっている。

一八ページの図は、新山古墳の北東に位置する奈良市山陵町の狭木之寺間陵から出土した鏡――〝サキノ〟寺間陵と読まれ、江戸時代以降、垂仁天皇の皇后〝日葉酢媛（ひばすひめ）〟の墓とみなされている古墳から出土した鏡――の石膏模型の写しである（原図作成：相馬龍夫）。この鏡は、一九一六年に発掘されたとき石膏模型がとられ、再び御陵に埋め戻された。その模型は宮内庁にあるが、この鏡にも奇妙な文様

狭木之寺間陵出土の鏡

が刻まれている。

もしも、これらの鏡に彫られた文様が文字でないとしたら、古墳時代の工人はなんでわざわざこんな模様を刻んだのだろうか。もしも漢字しか知らないなら、漢字で書けばいいものを、また、漢字がよくわからないなら、中国の立派な鏡に見習って、そっくりそのまま写せばいいものを、なんでそのようなことをしたのか。

私は、これまでの解説者がこれらの文様を「文字ではない」と言うのがよくわからない。これらの文様は確かに「漢字ではない」が、何を根拠に文字でないと断定できるのか、そこのところがよくわからない。

従来の専門外の解説者は、これらの文様を頭から「文字ではない」「イタズラだ」「ニセモノだ」と決めつけてかかっているが、自分で古代文字を専門的に調べてみたわけでもないのに、どうしてそのように断言できるのか。

私に言わせれば、これらの文様が文字か模様かハッキリしない時は、これをあえて「偽銘」と呼ぶことなど、とても恐ろしくてできない。

「偽銘」と言うからには、銘文に似て非なるもの、つまりデタラメでインチキで、およそ文字とは言えない代物、ということになるが、本当にそんなことを言っていいのだろうか。

そもそも、〝日葉酢媛〟陵のように立派に造られた古墳に、そのようなデタラメでインチキな鏡を副葬したとは思われない。また、これらの文様が古墳時代の工人のイタズラだとしたら、私はそのような鏡作部の職人は、偽銘を刻むことで死者を冒瀆していると思う。もしもそうであれば、これは大変な不敬行為だ。

私にはとてもそのようには思われないのだが、事情を知らない人は、これらの文様が「文字ではない」「偽銘だ」と言うことによって、結果的に、古墳の被葬者と工人の両方を、そして私たちの祖先を侮辱していることに気づいていない。

私の記憶では、戦前の研究者は確かにこれらの文様を「擬銘」とみなしてきたが、決して「偽銘」とは断定していなかったと思う。また、現在の専門書に「偽銘」と書かれているのは「擬銘」

の誤植だと思う。というのは、「擬銘」という表現には「ひょっとしたら文字ではないか」というニュアンスが含まれているが、「偽銘」にはそのようなニュアンスがまったくないからである。

これらの文様は、あるいは文字かもしれないし、そうではないかもしれない。しかし、実際にいくつかの鏡を見た人であれば、専門家でなくとも、これらの文様が刻まれた位置には、ふつう何文字かの漢字が彫られていることがわかるはずだ。

ということは、これらの文様もまた漢字以外の文字である可能性が非常に高い、ということを意味している。これらは、古墳時代の「日本」の「未解読文字」かもしれないのである。

しかし、私も含めて従来の古代文字研究者は、これらの「未解読文字」をどのように読んだらいいか、ずいぶん長い間わからなかった。右にとりあげた鏡の「銘文」だけでなく、三二ページに後述する比較的単純なものでさえどう読んだらいいいか、まったく見当がつかなかった。

これらの鏡に刻まれた文様は、いかにも文字らしく思われるのだが、何を手がかりとして読んだらいいのか。こういうことさえわからない状態では、うかつにこれを「文字である」とは言えなかった。

アヒルクサモジの起源は殷の甲骨文字に遡る

けれども、日本の古代文字に関する研究が進んだ結果、今では、日本にも漢字以外の古代文字があったことは確実だと言える状況になっている。

ここに挙げたものは、一九七七年に、丹代貞太郎と小島末喜のふたりの研究者が著わした『伊勢神宮の古代文字』という本に収められた伊勢神宮の奉納文である。

これらの奉納文は、奈良時代から江戸時代にかけてのおよそ千年間に、伊勢神宮に参拝したそれぞれの時代の指導者たちが、その当時の思いや祈りを込めて納めた非常に貴重なものだ。そしてこの奉納文に使われている文字は、ごらんのとおり、漢字でも仮名でもないアヒルクサモジやイヅモモジなどと呼ばれている日本の古代文字である。奉納文の半数以上は、アヒルクサモジで書かれている。

アヒルクサモジはこれまでいわゆる〝神代文字〟のひとつとみられ、江戸時代に一部の狂信的な人たちが尊皇攘夷の国粋主義を鼓舞するためにデッチあげた文字とみなされてきた。戦前の代表的な国語学者で神宮皇学館の学長をつとめた山田孝雄博士や、江戸時代の国学者として有名な本居宣長の後継者たちがこの奉納文の存在を知らないで、アヒルクサモジやイヅモモジを漢字伝来以後の文字、それも比較的新しい時代の文字と誤解した結果、日本には、漢字以外の古代文字はなかった、とか、漢字以前の古代文字はなかった、というまちがった常識が長いあいだ通用してきたのである。

しかし私は、このアヒルクサモジを、今から四千年前まで遡ると言われている中国の古代文字、皆さんもご存知の殷の甲骨文字と比較してそのつながりを調べた結果、日本のアヒルクサモジは殷の甲骨文字の草書体である、という結論に達したのである。

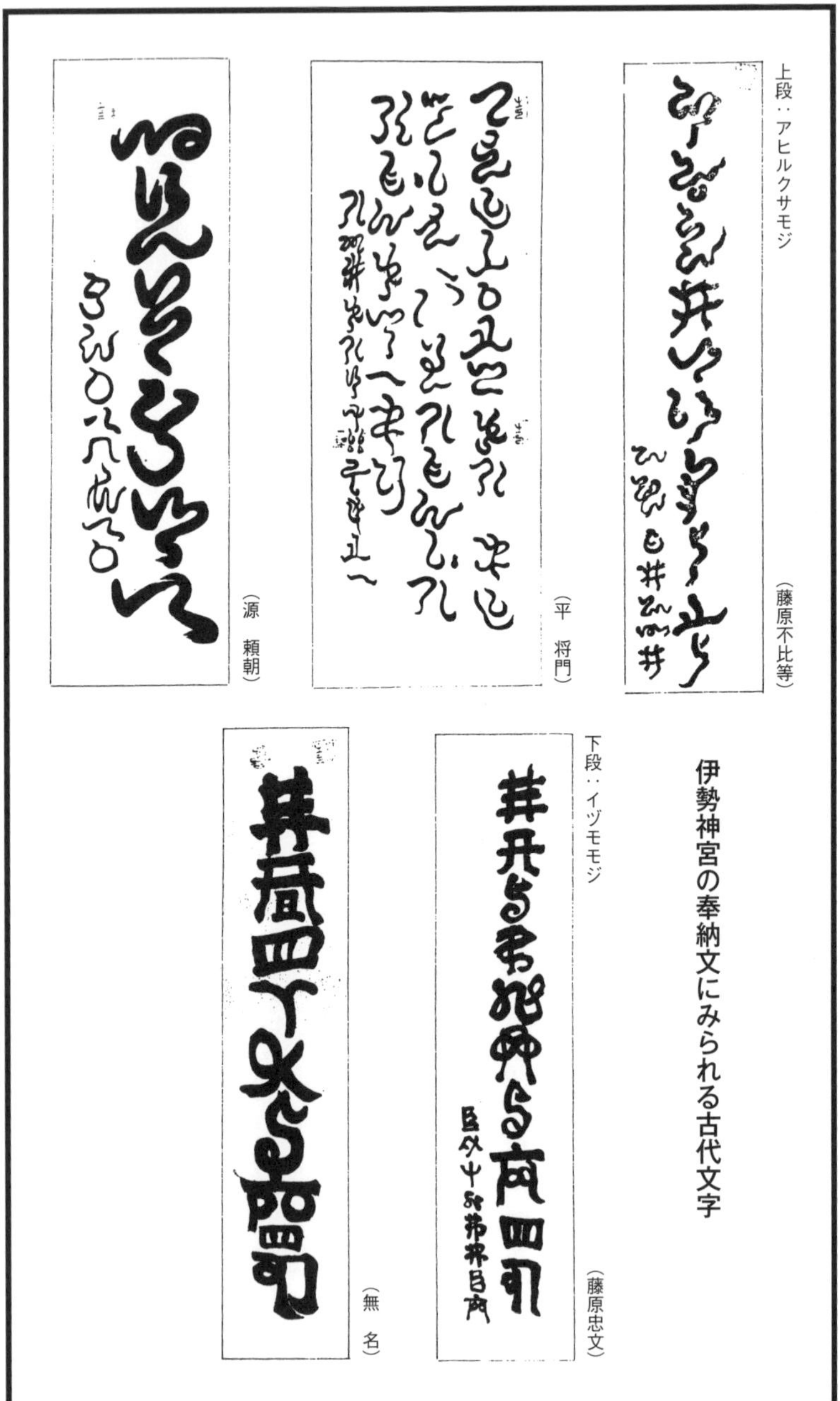

伊勢神宮の奉納文にみられる古代文字

上段：アヒルクサモジ

（藤原不比等）

（平　将門）

（源　頼朝）

下段：イヅモモジ

（藤原忠文）

（無　名）

おそらく本居宣長も、その後急速に明らかになった殷の甲骨文字やインドの古代文字の存在を知っていれば、アヒルクサモジやイヅモモジをはじめとする日本の古代文字について否定的な見方はできなかったはずだ。山田孝雄博士も、本居宣長の影響を受けてまちがった判断をしなくて済んだはずである。

それはともかく、まず、「日本」のアヒルクサモジと「中国」の甲骨文字をじっくり見比べていただきたい。皆さんはどう思われるだろうか。

アヒルクサモジ（左）と甲骨文字（右）の比較

アヒルクサモジ	甲骨文字	読み
ヒ	火	ひ
フ	父	フ
ミ	巳	み
ヨ	抑	ヨク
イ	于	ウ
ム	虫	むし
ナ	乃	ナイ
ヤ	也	ヤ
コ	乎	コ
ト	乙	おと

私は、ヒフミヨ以下四十七のアヒルクサモジを殷の甲骨文字と比較した結果、三つほど対応関係がハッキリしない文字（唐代の書体と一致することまでは確かだが、今のところ元の対応する甲骨文字が見つかっていないツ・マ・ヱ）を除けば、それ以外の四十四文字はほとんど甲骨文字と同じであることを発見し、我ながらあ然としてしまった。

読者も、私が作成した対応表をごらんになれば、日本のアヒルクサモジと殷の甲骨文字が実によく似ていると思われるにちがいない。いや、似ていると言うより、アヒルクサモジは甲骨文字の草書体である、と言ってよいほど一致している。細部の違いは、甲骨文字が牛骨や亀の甲羅に刻まれたために直線的になっていたり、断片的な出土状態のために前後左右がハッキリしないことによって生まれた見かけ上の違いである。

私はこのようなことから、殷の甲骨文字と日本のアヒルクサモジは、本来まったく同じものだった、と考えた。アヒルクサモジは、殷代よりだいぶあとになってから、甲骨文字を基にして作られたのではないか、とも考えてみたが、これは甲骨文字が一八九九年（明治三十二年）に初めて見つかるまで、長い間その存在が忘れられてきたことを考えればありそうにも思われない。しかも、最近になって、日本の縄文遺跡から甲骨文字が次々に見つかり始めていることを考えると、アヒルクサモジの歴史は縄文時代まで溯るのではないかと思われる。

アヒルクサモジが中国の漢字の基になった殷の甲骨文字と同じもので、今から三千年以上前まで溯る非常に古いものだ、という私の結論は、もちろんこれからの著書で十分に明らかにしていくつもりである。しかしここで私が言いたいのは、何事も先入観で決めつけてはならない、ということである。

伊勢神宮のアヒルクサモジ奉納文がはたして本物かどうか、という点を疑う人は、ニセモノであると決めつける前に、自分の目でこれを確かめ、ニセモノであるという根拠を示さなければならない。そうでないかぎり、軽々しくニセモノだと言ってはならない。

アヒルクサモジについてはこれくらいにして、次にイヅモモジを検討してみた結果を簡単に述べる。と、……これがまた大変な歴史を背後に秘めた文字であることがわかったのである。

伊勢神宮の奉納文に見えるイヅモモジは、今から約二百年ほど前に、島根県の出雲大社の近くにある書嶋（ふみじま）の洞窟の大岩壁で確認された古代文字と同じものだ。この文字は、伊勢神宮とはまったく別に、高知市天神町（かつての潮江村）にも伝わっている。江戸時代の国学者、平田篤胤（あつたね）が著わした『神字日文伝』には、この文字の読み方が二七ページの図のように伝えられている。また、皇祖皇太神宮の竹内義宮管長がまとめた『神代の万国史』にある古い伝承によれば、この文字はトヨノモジと呼ばれ、日本神話のイザナギノミコトよりなん代も前の豊雲野（とよくもの）天皇によって作られたと言われる。

私は、このイヅモモジが、日本最初の天皇と言われる神武天皇よりなん代か前のイザナギの、そのまたなん代も前の豊雲野天皇によって作られた、という伝承がまず気になった。神武天皇が実在したかどうかということさえハッキリしていないのに、イザナギより前の天皇がこの文字を作ったことをそのまま信じるわけにはいかない。

けれども、私はアヒルクサモジの起源が殷の甲骨文字と同じくらい古いものかもしれないと思っていたので、豊雲野天皇が作ったかどうかはさておき、この文字もまた中国やインドの古代文字と関係があるかもしれない、と考えた。そして、このような眼でインドのアショーカ王碑文に使われている紀元前三世紀の文字（ブラーフミー文字）とイヅモモジを比較したとき、思わず自分の目を疑ってしまった。

イヅモモジとインドのブラーフミー文字は兄弟だった

二八ページの図の左の文字はイヅモモジで、右の文字はブラーフミー文字である。両者をひとつずつ見比べてみてほしい。

イヅモモジの〓（イ）は、ブラーフミー文字の〓（i）と同じ発想だし、同じ音である。イヅモモジの〓（ヤ）は、ブラーフミー文字の〓（ya）をさかさまにした〓の形と同じ発想で、同じ音である。イヅモモジの〓（ラ）と〓（マ）は、それぞれブラーフミー文字の〓（la）と〓（ma）に対応している。

そのほかのブラーフミー文字をイヅモモジと比べてみると、〓（a）や〓（u）、〓（e）、〓（o）、〓（ha）、〓（va）などは、それぞれイヅモモジの〓（ア）、〓（ウ）、〓（エ）、〓（オ）、〓〓（ハ）、〓（ワ）などを簡略にした形で、同じ音を表わしている。

それだけでなく、ブラーフミー文字の〓（ga）や〓（ka）、〓（sa）、〓（ca）、〓（ba）、〓（ma）、〓（ra）なども、それぞれイヅモモジの〓（カ）、〓（ク）、〓（シ）、〓（チ）、〓（フ）、〓（モ）、〓（ロ）などの形を簡単にしたもので、同様にイヅモモジの音に近い。

ふたつの文字群を比較した時に、同じ形の文字や似た形の文字がひとつやふたつあるだけなら、

「神字日文伝」中のイヅモモジ（トヨノモジ）の読み方

ラ	マ	ナ	サ	ア
リ	ミ	ニ	シ	イ
ル	ム	ヌ	ス	ウ
レ	メ	ネ	セ	エ
ロ	モ	ノ	ソ	ヲ
ワ	ヤ	ハ	タ	カ
ヰ	イ	ヒ	チ	キ
ウ	ユ	フ	ツ	ク
ヱ	エ	ヘ	テ	ケ
オ	ヨ	ホ	ト	コ

イヅモモジ（左）とブラーフミー文字（右）の比較

ア	a	ア
イ	i	イ
ウ	u	ウ
エ	e	エー
オ	o	オー
カ	ga	ガ
キ	kha	クハ
ク	ka	カ
コ	gha	グハ

サ	ṣa	シャ
シ	śa	シャ
ス	sa	サ
タ	ḍa	ダ
タ	da	ダ
チ	ca	チャ
ツ	dha	ドハ
ナ	na	ナ
ニ	ña	ニャ
ヌ	na	ナ

ハ	ha	ハ
ヒ	tha	トハ
フ	ba	バ
マ	ma	マ
モ	ma	マ
ヤ	ya	ヤ
ラ	la	ラ
ロ	ra	ラ
ワ	va	ヴァ

それは偶然の一致として済ませることができる。しかし、それがひとつやふたつではなく、いくつもあるのは偶然ではない。しかも、文字の形がよく似ているだけでなく、その読み方までほとんど同じであるなら、これは偶然の一致ではなく、明らかに同じ系統の文字だということを意味している。そして、どちらの文字が古いかどうかは、一般に、文字が複雑なもの（象形的なもの）から単純なもの（表音的なもの）へと変化する傾向があることを基準に判断される。

このような原則と照らし合わせてみると、イヅモモジとブラーフミー文字の関係は明らかに同系の文字と言える。また、ブラーフミー文字はイヅモモジが省略された形をとっているので、イヅモモジの方がブラーフミー文字より古い文字だ、ということが言える。

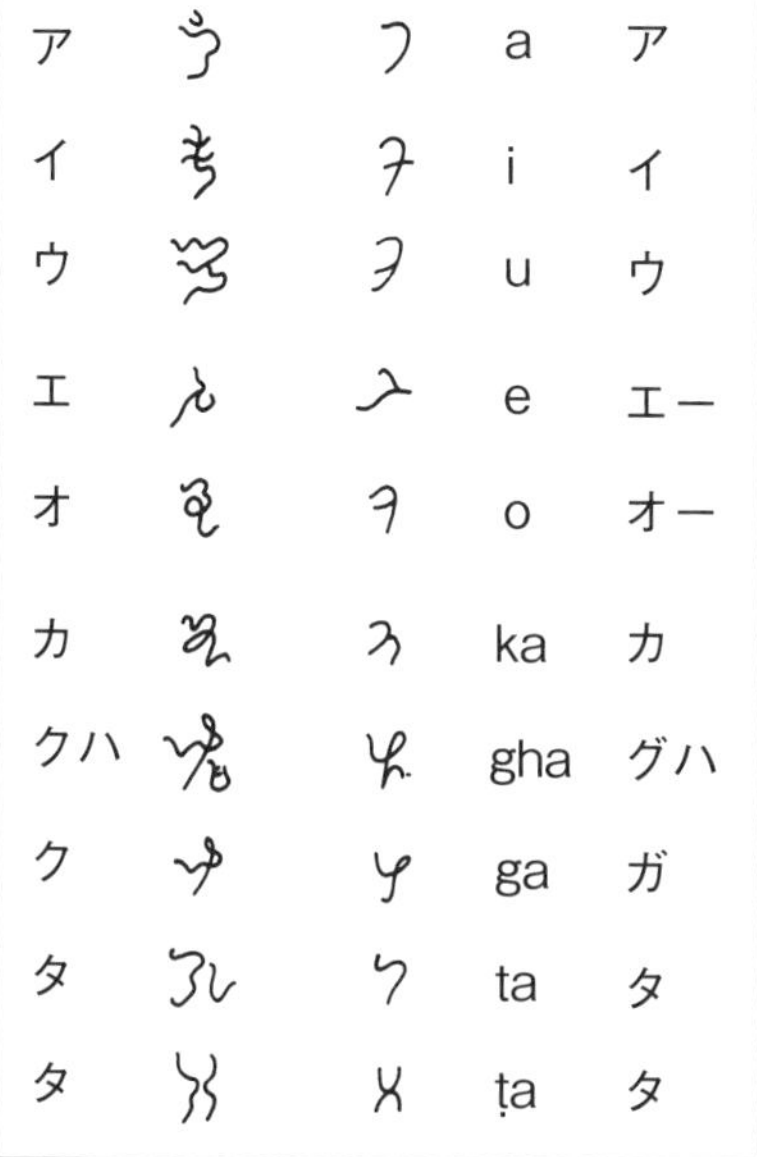

要するに、日本のイヅモモジはインドのアショーカ王碑文に見えるブラーフミー文字と兄弟であり、アショーカ王碑文が書かれた紀元前三世紀以前からインドにあった文字だと言えるのである。

私は、インドのアショーカ王碑文に右のブラーフミー文字とは別の、

アヒルクサモジ（左）とカローシュティ文字（右）の比較

ア			a	ア
イ			i	イ
ウ			u	ウ
エ			e	エー
オ			o	オー
カ			ka	カ
クハ			gha	グハ
ク			ga	ガ
タ			ta	タ
タ			ṭa	タ

カローシュティ文字と呼ばれる文字が使われていることも知っていた。そこでもちろん、このカローシュティ文字とイヅモモジも比較してみた。けれども、日本のイヅモモジは、古代のイスラエルやシルクロード沿いの地域で使われていたアラム文字系統のカローシュティ文字とは別のものであることがわかった。日本のイヅモモジは、インドのブラーフミー文字やアラビア、エチオピアの古代文字とともに、どうやらエジプトの象形文字から分かれてきたものらしいのである。

そのようなことを調べながら、ふと、このカローシュティ文字とさきのアヒルクサモジとを比べてみて、私はまたもや意外なつながりがあることを発見した。

前ページの図をごらんいただきたい。左の文字は日本のアヒルクサモジで、右の文字はインドのカローシュティ文字である。両方を見比べてみると、これらふたつの文字は同系であり、日本のアヒルクサモジはインドのカローシュティ文字より古い、という結論が得られるはずだ。

いずれにせよ、今、我々が気づき始めたことはとても重要なことである。つまり、我々はこれまで、日本には漢字以外の古代文字がないとか、漢字以前の古代文字はない、と頭から信じ切っていたが、それがどうやら、とんでもない誤解だったらしいのである。

日本の伊勢神宮に千三百年くらい前から伝わっているアヒルクサモジは、ひょっとしたら、今から三千年以上前の殷の甲骨文字と同じくらい古い文字で、日本や中国だけでなく、インドや中近東でも使われていた可能性がある。

伊勢神宮に同じ頃から伝わっているイヅモモジはと言えば、これまた今から三千年以上前のエジプトの象形文字までそのルーツをたどることができる文字で、日本やインドだけでなく、アラビア、エチオピア、アフリカ方面でも使われていた可能性があるのだ。

日本にこんなにも古い歴史をもった文字があるとは、私自身も以前は信じられなかった。伊勢神宮の古代文字が一般公開された時にも、私はアヒルクサモジやイヅモモジがこんなに古いいわれをもった文字だとは思わなかった。

しかし、その後、日本各地の古墳と甕棺（かめかん）から出てきた鏡の銘文や、縄文時代の土器に刻まれた線刻、土版などの文様を調べている内に、私は、これまでの日本にはないと思われてきた奈良時代以前の文字資料が、それこそ無数にあることに気づき始めた。

古鏡の銘は「ニニギキを称（たた）へまつる」と読めた！

このような私の言葉が信じられない人は、今見たイヅモモジが、次に示した鏡の文様の中にも使われていないかどうか、さっそくテストしてみるとよい。いきなり最初にとりあげた三枚の鏡を見てもわかりにくいと思うので、まずは中央部を拡大した鏡の写真からごらんいただきたい。

この鏡は、愛媛県今治平野の南部にある朝倉村の樹ノ本古墳から出土した「漢」の工人の手によると言われている鏡である。

ここで読者は、この鏡の中央部に刻まれた「文字」の半数近くが、すでにお目にかけたイヅモモ

樹ノ本古墳出土の鏡中央部

ジとよく似ていることに気づかれるだろう。[illegible]は[illegible]（ニ）とそっくりだし、[illegible]も[illegible]（ニ）と読めそうである。[illegible]は[illegible]（ヘ）とほとんど同じ文字だと思われるし、[illegible]は[illegible]（ツ）と[illegible]（ロ）が合体した形をしている。ここでわからないのは、[illegible]、[illegible]、[illegible]、[illegible]の四つの「文字」だけだ。

残る四つの「文字」は、伊勢神宮の奉納文に今のところ使われた例が見つかっていないけれども、次に示すトヨクニモジの古い形（古体象字）と新しい形（新体象字）の知識があれば、すぐにも対応例を見つけることができる（自由国民社刊『日本とユダヤ謎の三千年史』参照）。つまり、[illegible]はトヨクニ古体の（マ）と同じであり、は同じ古体の（タ）に尻尾がついた形である。はトヨクニ新体の（ヲ）と対応し、はトヨクニ新体の（ギ）と（キ）が合体した形でギキと読める。

イヅモモジとトヨクニモジを混用することは今でも平仮名と片仮名を混用するようなもので、別に不思議ではない。イヅモモジはトヨノモジとも呼ばれるとおり、トヨクニモジとは同系のトヨの国、エジプトのテーベで使われた象形文字に由来する文字だからである。

そんなわけで、読者もその気になればこの鏡の銘文が読めるのだが、まず最初に、私自身が戦前の権威者の読み方にならって「解読」した結果をお目にかけよう。

長　相　思　母　口　忘　楽　未　央

ここでは長と読み、は相と読む。または思であり、は母と読む。その他の文字の読み方は右のとおりである。これはもちろん、私のほんとうの解読結果ではない。従来の読み方にならって読んだまでである。しかし、私がこの鏡の文字をその隣に記した漢字と同じものだと主張し、これは「専門外の諸君にはわからんだろうが、とにかくこう読めるのだ」と言えば、皆さん

トヨクニモジの古体象字と新体象字

オ	エ	ウ	イ	ア
コ	ケ	ク	キ	カ
ソ	セ	ス	シ	サ
ト	テ	ツ	チ	タ
ノ	ネ	ヌ	ニ	ナ
ホ	ヘ	フ	ヒ	ハ
モ	メ	ム	ミ	マ
ヨ	エ	ユ	イ	ヤ
ロ	レ	ル	リ	ラ
ヲ	エ	ウ	ヰ	ワ

※左側が古体象字、右側が新体象字

は「ハア、そうですか、なるほど」とすなおに承知できるだろうか。

私は戦前の大学で教育を受けた人間ではないから、とてもこんな厚かましいことは言えない。また今の大学には、右の鏡の文字をこのように読むのだとあえて主張する教授はいない。ここに示した「漢字との対応」は、戦前の帝国大学の教授が権威をカサにいとも簡単に「解読」してくれたが、今の大学の良心的な教授たちは、自分の研究成果としてこのように読めるとは言っていない。

私は実際に古い漢字を調べてみたが、を長と読んだり、を相と読む例はない。このような対応関係を設定するのは無理である。現在出回っている解説書や専門書は、本人の研究成果に基づいて書かれている良い面だけではなく、戦前の亡霊から引き継いだ恐ろしく非科学的な記述もあるので要注意だ。

おそらく賢明な読者はすでに気づいておられると思うが、そもそも私がから読み始めたのはどんな根拠があってのことか、まったく腑に落ちなかったことだろう。それもそのはず、このように円環状に並んだ銘文を解読する時には、まず最初に、どこから読み始めるのか、その根拠を示さなければならないのである。けれども戦前の専門外の人間にはこういうことがわからなかった。そこで適当に区切って、読んだ振りをしてみせた。昔の人は何事でも、あきれるばかりに権威主義的だ。

私はいつもこう思っている。何事もまず疑え、そして自分の頭で考えよ、疑問のないところに進歩はない。だから、たとえ戦前の権威がなんと言おうとも、根拠のないことに従うことはできない。

そこで、この銘文の最初の文字は、古代人が方位や時刻を示すときに最初に教えた子（ね）（北）の位置から始まるのではないか、銘文の外側に子（ね）の位置を示す文様があるのではないか、と考えてみた。するとの外側の位置に、という文字らしきものが読めてきたのである。はイヅモモジの（ネ）を図案化したものだ。

というわけで、私はひとまず、の文様の内側にあるからこれらの銘文を読んでみることにした。その先の読み方は、時計回りか、反時計回りのどちらかだが、とりあえず反時計回りに読んでみよう。そして意味が通じなければ逆に読みなおしてみよう。このように考えて、鏡の文字を子（ね）（北）の位置から反時計回りに読んでみた。

するとこの銘文は、さきに見当をつけた個々の文字の読み方をそれぞれの位置に当てはめれば、

ニ　ニ　ギ　キ　ヲ　タ　タ　ヘ　マ　ツ　ロ

と読むことができる。最後の（ロ）は、トヨクニ新体象字の読み方にならえば、（ル）とも読める。

全文は、どうやら「ニニギキを称（たた）へまつる」という意味になり、この鏡はニニギキという神か英雄を称えるために作られたらしい、ということがわかってくるのである。

これを最初の漢字に基づく解読例――「長相思、母口忘、楽未央」――と比較してみれば、どちらの方が正しいか、どちらの方が真実に近いか、どちらの方がその解読結果によって日本の歴史を解明するのに役立つか、という点はハッキリしている。

たとえ私の解読結果に多少の疑問があっても、これまで日本の古墳時代に漢字以外の文字はなかった、漢字以外の文字が刻まれた鏡はなかった、という従来の常識――十人にも満たない戦前の権威がすべての日本人に押し付けてきた大きな誤解に基づくフィクション――は、もはや通用しないことが明らかである。そのような常識にはなんの根拠もなく、日本の古代史の解明をいたずらに遅らせているだけである。

すでに読者は、自分の目で、伊勢神宮に古くから伝わるイヅモモジの実例を見、奈良時代以前の古墳から出土した鏡にも、伊勢神宮の奉納文に使われていたのと同じイヅモモジが刻まれているのを確認した。おそらく、これから読者の皆さんが従来の先入観を捨て、身近なところにある鏡や土器、その他の遺物に刻まれた〝文様〟を調べてみるなら、実に多くの意外な発見が待ちうけているのではないかと思う。

そしてこれからの皆さんの発見は、記紀以前の文字資料がほとんど残されていないために行きづまっている現在の古代史研究のあり方を変え、八世紀以前の恐ろしいほど長く異常な日本史の空白を埋めるために、漢字以外の古代文字資料が大いに役立ってくれることを証明してくれるはずである。

今のところ、私の手元にある資料は、資金的な制約その他の事情から十分なものとは言えないが、それでも、従来の常識がまちがっていることを示すことはできる。

しかし、この本はそんなことを細部にわたって証明するために書かれたのではない。実はもっと大きな、とてつもなく重大な問題を解く鍵がさきほどの鏡の中に秘められているため、その前置きとして古代文字の問題に触れたまでのことである。

大句麗王（マハアクルラアマ）オケオとは何者か？

そこで、これからさっそく、最初の三枚の鏡に何が書かれていたかを見ることにしよう。解読の詳細については私の別著をお読みいただくことにして、その結果だけを以下に記すことにする。

まず、最初の鏡（新山古墳出土鏡A）にはこう書かれている。

ここに民ら飢えたれば
斎（ゆ）まはりて神々を奉（たてまつ）り　物忌（い）みするに
務（つと）め終（を）へたる馬らの馬供養（うまくやう）の日も来たれば
馬肥え太り　贄（にへ）待たる
その贄をば称（たた）へまつる日を迎へて

食（く）うて生き延びたるを得たり
屠（ほふ）りたる馬らの供養に記（しる）す

ここには、新山古墳が造られた時代に激しい飢饉があって人々が飢え、その飢えをしのぐために彼らが神祭りをして大切な馬を犠牲にしたこと、そのおかげで生き延びられた人々が犠牲になった馬をあわれに思い、それらの馬に感謝するために馬供養を行なったことが述べられている。

この鏡は、その時犠牲になった馬たちの魂を鎮（しず）めるため、ときの為政者によって特別に作られ、新山古墳に埋められた、ということが鏡に刻まれた右の銘文によってわかる。

次に、二枚目の鏡（新山古墳出土鏡B）にはこう書かれている。

磯城島（シキシマ）に日治（ヒヂ）る狭木之阿毎彦（セマキシアモヒコ）命（ノミコト）イルヒ
癸未年（キミノトシ）に磐余之宮（イワレノミヤ）に居（ヲ）はして神々を祭りけることいやちこなれば
楽浪国（ラグナムクニ）代々知（ヨヨシ）ろす大句麗王（マハアクルラアマ）オケオ
これを礼（ヰヤ）びたまひて絵師（エシ）に彫（ホ）らせたまひける鏡

ここには、さきの飢饉と関連して、そのころ日本（磯城島（シキシマ））を治めていた狭木之阿毎彦（セマキシアモヒコ）命（ノミコト）イルヒという王が磐余（イワレ）の都で神々を熱心に祭り、そのようすを楽浪国（ラグナムクニ）で見守っていた大句麗王（マハアクルラアマ）オケオがイルヒの立派なふるまいにとても感動したこと、そのようなオケオの気持ちをイルヒに伝えて彼に敬意を表わすため、絵師に鏡を彫らせて贈ってよこしたことが述べられている。

この鏡によれば、飢饉が発生してイルヒが神祭りをしたのは癸未年（キミノトシ）のことで、新山古墳にこの鏡が納められているのは、その神祭りがさきの馬供養と関係があったことを示している。

それでは、最後の三枚目の鏡（狭木之寺間陵の鏡）にはどんなことが書かれているだろうか。

外区：多（サハ）に日治（ヒヂ）り廃（スタ）れるも
日担（ニナ）へる狭木之阿毎彦（セマキヂアモヒコ）命（ノミコト）イルヒ
戦（イクサ）へ行きたまい
懲（コ）らしめられたまいて
日高見国（ヒダカミグニ）平（タヘ）らげたれば
ここにや意冨比跪（ヲホヒコ）とぞ誉（ホ）め称（タタ）へむ

内区：ハリマ
タヂマクニ
ルクミナヱキ
ツバキイド

マハアクルラアマ　フトムトシ　ツクル
ラグナムキシ　ホル

鏡の外区を読んでみると、ここにはさきのイルヒが日本の王として現れる前まで、日本が内乱状態にあったことや、彼が日高見に遠征して国内的な混乱を収拾し、ヲホヒコ（大いなる第一人者）と誉め称えられたことが記されている。

鏡の内区には、四二ページの図をごらんいただくとわかるとおり、トリ（酉：西の方角）の位置にハリマがあり、イヌヰ（乾：北西の方角）の位置にタヂマが、またイヌヰ（北西）からネ（子：北の方角）の少し手前にかけてルクミナヱキがあり、ネ（北）の前後の位置にツバキイドの名が刻まれている。そしてこの鏡は、マハアクルラアマ（大句麗王）のフトムトシ（二十六年）に作られ、ラグナムキシ（楽浪吉師）によって彫られたと書かれている。

最初の内、私は以上のように読み解いた結果が本当に正しいのかどうか、自分でも自信がもてなかった。他の誰か、古代文字の権威に見てもらって、これは正しいというお墨付きがもらえたらとてもいいのにと思った。が、そのような権威はどこにもいない。今まで誰もこれらの鏡の文字を日本に古くから伝わる古代文字で読んだ人はいないのだから、私の解読結果を保証するものは何もないように思われた。

けれども、そんな私の不安を打ち消してくれたのが、この鏡の内区に彫られたいくつかの文字で

狭木之寺間陵出土の鏡に刻まれた文字の配置と、寺間陵を中心とした地名の位置関係

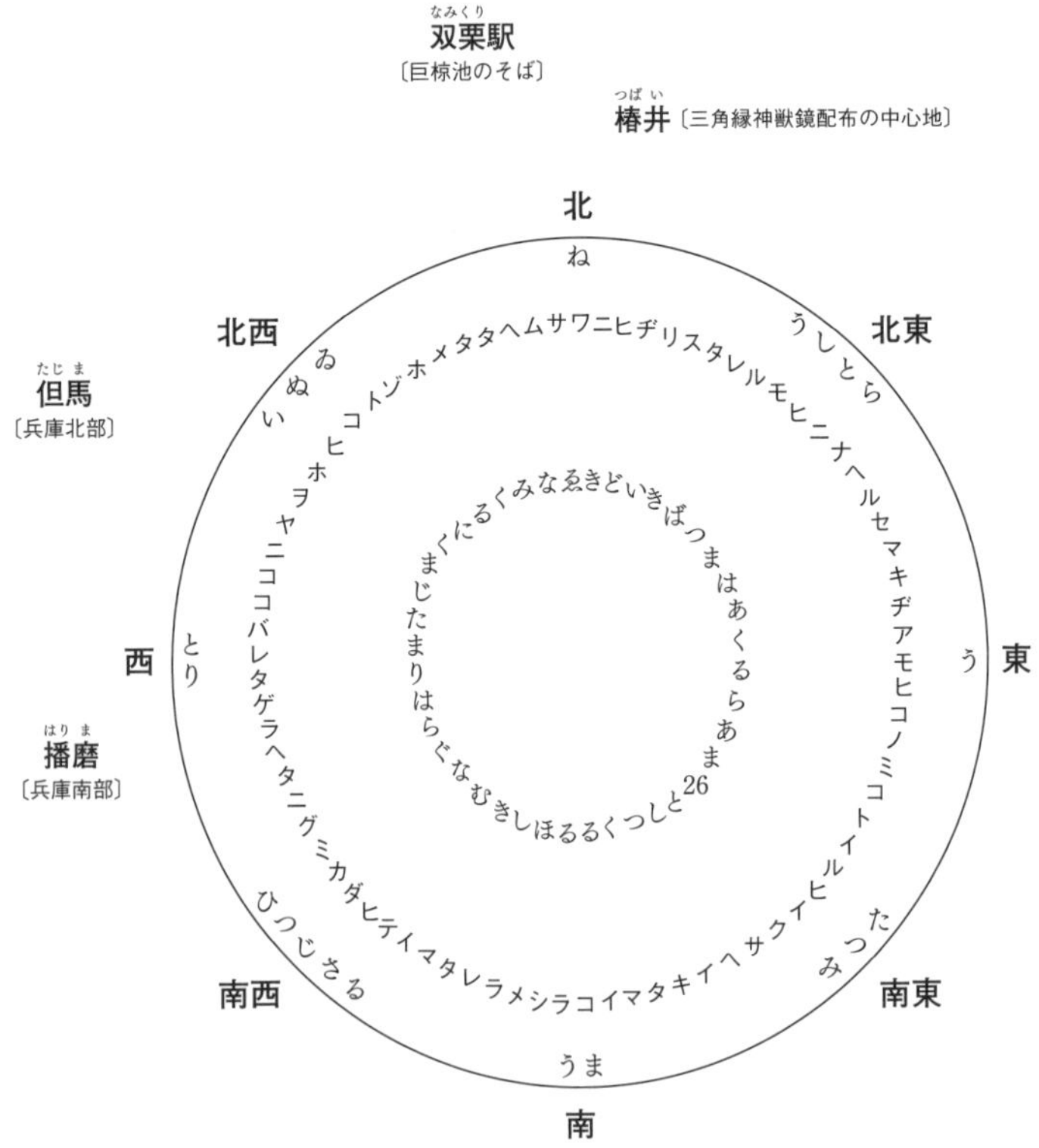

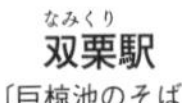

ある。

[illegible]をハリマと読み、[illegible]をタヂマと読んだあと、これらの言葉は兵庫県の南部を指す播磨や、兵庫県の北部を指す但馬を意味しているのだろうか、と思いながら、ふとその方位に目を向けてみると、これらのハリマやタヂマが記されている位置は、鏡のいちばん外側に記された西の方角（酉）と北西の方角（乾）の文字に対応していることがわかった。そして実際に、播磨や但馬は、この鏡が副葬されていた奈良市山陵町の狭木之寺間陵の位置から見て、ちょうど西の方角と北西の方角にあったのである。

もしも私の読み方がまちがっていないなら、ツバキイドという文字が刻まれている子（北）の位置に対応する形で、実際、奈良市の北にツバキイドというところがあるはずだ、と思って地図を広げてみると、奈良市の御陵の北の方角にあたる京都府相楽郡山城町に、椿井という土地がある。椿井は今はツバイと読んでいるが、これはツバキ井、ツバキイドのことだ。

そしてさらに、ルクミナ駅という日本語とは思えない奇妙な地名が記されている北から少し西にズレた方角に、実際にルクミナという古代の駅家がなかったかどうか。これを調べてみると、なんと、ルクミナはナミクル、ナミクリと音を変えて、京都府久世郡久御山町の双栗社（ナミクリのやしろ）の地にあったことがわかったのである。ルクミナという土地は今の久御山町にはないが、奈良時代に書かれた『風土記』の山城国関係の逸文によれば、ナミクル（雙栗）の地として確かに実在した。

鏡に刻まれた四つの地名がそこに示された方位とともにすべて正確に実在した、ということは、私の読み方が決して的はずれではないことを鏡自体が保証してくれたようなものである。

けれども、はたして、ナミクルの基になったルクミナという言葉はどこの言葉で、どのような意味をもっているのか。この鏡に、播磨や但馬の国名と並んで、椿井の地を表わすツバキイドという土地の名前が記されたことにはどのような意味があるのか。

また、この鏡には、マハアクルラアマとかラグナムキシ、あるいはセマキシ（セマキヂ）という奇妙な名前が記されているが、それらの名前にはどのような意味があり、彼らは日本の未知の歴史の中でどのような役割を果したのだろうか。

第2章　封印された歴史を〝アナグラム〟で解く

〝マハアクルラアマ〟と〝ルクミナ〟の謎

日本の古鏡に秘められた未知の歴史をひもとく鍵は、〝マハアクルラアマ〟と〝ルクミナ〟という言葉の中に隠されていた。

まず最初に〝マハア〟という言葉からみていこう。

〝マハア〟は、皆さんも時どき使う〝摩訶不思議〟の〝摩訶〟に相当するインドの言葉で、紀元前三世紀頃からインドで使われ始めたサンスクリット語のマハー Mahā、〝大いなる〟という意味の言葉である。

皆さんは誰でも、インドの王様をマハラジャと言ったり、ガンジーをマハトマと呼ぶことを知っている。ちょっとヨガを習った人なら、マハーヨーギン（偉大なヨガ行者）やマハーグルー（大いなる導師）、マハーシンガ（大いなる獅子）、マハーデーヴィー（大いなる女神カーリー）のことを知っている。

そして実際にインドのアジャンターやエローラへ行ったことのある人なら、これらの岩窟寺院は、デカン高原を西から東南に向かって流れるゴダバリ川のいくつもの支流を含む〝マハーラーシュトラ〟州にあったことを思い出されるはずである。

ゴダバリ川の河口にあるカーキナーダの港町ヤムナから絵のように美しいコロマンデル海岸を船

で下ると、その途中にはアマラーヴァティーの有名な仏教遺跡のそばを流れるクリシュナ川があり、コロマンデル海岸中部の港町マドラスの少し南には〝マハバリプラム〟という町がある。

このマハバリプラムには、一九八九年にＮＨＫなどでも紹介された世界最大の叙事詩、『マハーバーラタ』に登場する五人の英雄（ユディシュティラ、アルジュナ、ビーマら）にちなんで建てられた五つのラタ（日本の神輿車に相当する神々の乗り物）や、『マハーバーラタ』の有名な場面を岩のくぼみにレリーフで描いた八個のマンダパと呼ばれる岩窟寺院、クリシュナがこれらの彫刻と石の建造物を造るためにバターのように溶かしたと伝えられる巨大な花崗岩製の桶などがある。

アルジュナのラタ

『マハーバーラタ』は、『ラーマヤナ』とともにインドでは誰ひとり知らない人がいないほど有名な叙事詩で、この叙事詩には、かつてアジア全土にまたがる大帝国を築いたインドのクル族の英雄的な戦いの物語が伝えられている。

マハバリプラムの五つのラタの内で最も大きく、最も見事に彫られたアルジュナのラタは、今から二千数百年も前にアルジュナが天界の神々の王インドラから授かった乗り物で、マンダパのレリーフには、彼がインドラから贈られたヴァジラ（稲妻と轟音を発して一瞬の内に敵を滅ぼす神の武器）を使って、同じクル族のもう一方の英雄であるドゥリヨーダナの軍勢と戦うありさまが描かれている。

このような神々と英雄の時代の、遠い昔の戦争の記憶を伝える『マハーバーラタ（大いなるバーラタ）』のマハーMahāが、冒頭の〝マハアクルラアマ〟の〝マハア〟なのである。

次に〝マハアクルラアマ〟の〝ラアマ〟が何を意味しているかと言えば、これはインドの古い言葉（サンスクリット語以前の言葉）で〝王〟を表わすラアマ Rāma と同じである。

ラアマの語源は、これについて調べた人がいないのでハッキリしないが、どうやらエジプトのテーベ王朝（テーベに都を置いたいわゆる第十八王朝）で崇拝された太陽神のアモン・ラーAmon-Rā に由来するらしい。

このことは、アモン・ラーAmon-Rā の語順を入れ替えたラー・アモン Rā-Amon の音を縮めるとラアモン、ラアモ、ラアマとなることからそう考えられるだけでなく、『ラーマヤナ』の中で、ラーマが太陽神を始祖とするイークシュヴァーク王の子孫と語られていることからも、そのようにみて差し支えないと思う。

もしもこのような私の見方がまちがっていなければ、叙事詩のラーマと同じ語源をもつ〝マハアクルラアマ〟も、エジプトのテーベ王朝と何か関係がありそうである。

名前を変えて日本人に親しまれてきたインドの神々

さて、〝マハアクルラアマ〟が〝大いなるクル王〟のことだとすると、次はこの〝クル〟が何を指しているかということになる。しかし〝クル〟の意味はあとにまわして、ここでちょっと触れておきたいことがある。

『マハーバーラタ』でユディシュティラやアルジュナを応援した天界の神々の王インドラは、日本では帝釈天として古くから祭られていた。日本の各地には広島の帝釈峡や神戸の帝釈山、尾瀬沼の東の帝釈山のように帝釈の付く地名がいくつもある。

本邦映画史上最長のシリーズとなった柴又の寅さんの映画は日本人なら誰でも一度は見たことがあるはずだが、その寅さんの生まれ故郷、東京は葛飾の矢切の渡しのすぐそばにも帝釈天がある。

この帝釈天が『マハーバーラタ』や『ラーマヤナ』に登場するインドラであることを我々はすっかり忘れてしまっているが、帝釈天の帝釈は、インドラの別名シャクラデーヴァ Śakradeva の r と v の音が脱落し、母音の a が u と i に、子音の d が t に変わったシャクテイ śakutei の、その語順が tei-śaku と入れ替わったものに帝・釈という漢字を当てはめて、あとでタイシャクと読むようになったものだ。

我々は、インドと言うと、今までとても遠い国のように思っていたため、『マハーバーラタ』の神々はインドや東南アジアの人にしか関係がないと思い込んでいた。

けれども、自分の周囲を見まわすと、インドの神々はよほど古くから日本でも祭られていたと見え、我々は四国の金比羅さんや出雲の大黒さん、天河の弁財天や江ノ島、厳島、竹生島の弁天さんだけでなく、焰魔大王といったインドの神々に慣れ親しんでいる。

いくらか物知りの人は、日本各地の金比羅さんのルーツがインドの財宝神クンビーラ kumbhira であることや、大黒さんのルーツがマハーカーラ Mahākāla にあって、マハーをその意味どおり大と表わし、カーラをその音に従って黒と表わしたこと、焰魔大王の焰魔がインドの先住民に死をもたらしたヤマ神 Yama Deva であったことを知っているはずだ。

そしてインドの神々にかなり興味をもっている人は、おそらく、日本の弁財天（弁才天）がかつてインドの北部を流れていたサラスヴァ川の源に君臨するヒマラヤの豊饒の女神サラスヴァティー Sarasvatī に、つまりサラスヴァ川のターラー女神（サラスヴァターラー Sarasvatārā）に由来していることをご存知だろう。

そのサラスヴァティーになぜ弁財や弁才の漢字が当てはめられたのか、これまでなん人もの専門家が調べてみたが、その理由はわからなかった。明治期の大村西崖という研究者が、サラスヴァティーに弁才の意味はないので、弁才は弁舌の神ヴァーチに由来するかもしれないと説いて以来、今までサラスヴァティー（サラスヴァターラー）の音と弁才、弁財の文字は結びつかないと思われてきた。

ところが、ここで、弁財の弁と財についてそれぞれの意味を辞書で調べてみると、弁には「あらそふ」という意味があり、財には「たから」という意味があることがすぐにわかる。その「あらそふたから」の音に注目してこれをアラソフタカラ arasohutakara と表わし、これらの音の配列を改めてみると、サラクホターラ sarakuhotaara となる。

このサラクホターラがサラスヴァターラー Sarasvatārā と結びつくことは、ターラー tārā を taaraa と表わしたあと、最後の a を u に変えてサラスヴァ Sarasva の s と v の間に移し (sarasuva)、サラスヴァの s と va をそれぞれ k と ho に変えてみるとわかる (Sarasvataaraa ~ Sarasuvataara ~ Sarakuhotaara)。

サラスヴァティー像

このことはインドのサラスヴァティー（サラスヴァターラー）が、これとは逆の経過をたどって日本の弁財になったこと、つまりサラスヴァターラーがサラクホターラ、アラソフタカラと変化したあと弁財になったことを意味している。

サラスヴァ sarasva の s（ス）が c（ス）から c（ク）に読み変え

られてk（ク）に変わるのは、映画cinemaのことをシネマと読んだり、キネマと読む例が今でもあるように、古代にあってはそう珍しいことではない。また、サラスヴァSarasvaのv（ヴ）がh（フ）になることも、民謡volkをヴォルクと読まないでフォークと読む例から見て、昔はよくあったと考えられる。

このような私の〝新発見〟は、日本の弁財天が弁才天とも書かれる、その弁才の由来についても同じことが言える点から裏をとることができる。

インドでは、弁才天の基になったサラスヴァ川の女神ターラーのことを、別にカーリーkālīとも呼んでいる。そのサラスヴァカーリーSarasvakālīのまん中のs（ス）やva（ヴァ）が、それぞれthu（ス）やho（ホ）に変わりやすい音であることは言うまでもないし、カーリーkālīがkaaliiと発音されることは問題がないだろう。

そこでサラスヴァカーリーの音をsarathuhokaaliiと表わし、この音の配列を入れ替えてみるとどうか。アラソフハタリキarasohuhatalikiとなる。アラソフハタリキと言えば、読者はただちに「争う働き」という言葉を思い浮かべるだろう。というわけで、アラソフには弁説や知恵、技量を争うという意味の〝弁〟という漢字が当てはめられ、ハタリキにはそのような技能や知恵が表に表われる働きを意味する〝才〟という漢字が当てはめられて、サラスヴァカーリーを弁才と呼ぶようになった。

つまり、サラスヴァ川の女神サラスヴァティーは、インドで〈サラスヴァ〉ターラー、〈サラスヴァ」カーリーとして親しまれる一方、日本でもそれぞれに対応する形で弁財天や弁才天として親しまれてきたことが考えられるのである。

いやー、ホントかな、と思う人は、弁天さんとちがって、日本全国の由緒あるお寺の仁王門の怖い顔をして立っている毘沙門天（びしゃもんてん）がどうしてインドのクベーラ神のことなのか、そこのところをよく考えてもらいたい。

クベーラ kuvera（kubera）は、インドの叙事詩『ラーマヤナ』によれば、英雄ラーマと戦った魔王ラーヴァナの兄弟で、サラスヴァティーのすみかと思われるナンダ・デビ山（シヴァ神妃カーリーの山）とともに特別に神聖視されてきたもうひとつの山、シヴァ神のすみかと言われるカイラーサ山のあたりにアラカの都を作って天界と地上を行き来していたヴァイシュラーヴァナ vaiśravana のことである。

日本では、皆さんもご存知の鞍馬天狗の守護神、京都の鞍馬山の魔王尊の名をサナート・クマラという。鞍馬天狗のクラマはクマラの語順が入れ替わってできた言葉で、クマラがインドのクベーラに由来することは一目瞭然である。しかし、鎌倉や京都、平泉をはじめとする日本の古いお寺にある毘沙門天がインドのヴァイシュラーヴァナ＝クベーラであるのはなぜか。

これは、日本人が昔からｒとｌの音の区別にあまりこだわらず、ときにはこの面倒なｒとｌをyuやｕと発音したり省略してしまったことを考えてみるとよくわかる。ｖ（ヴ）の音がｂ（ブ）やｐ（プ）、ｈ（フ）、ｍ（ム）に変わるのは、よくあることだ。

つまり、ヴァイシュラーヴァナ vaiśravana の r が脱落したヴァイシャヴァナ vaiśavana の vai が vi に変わり、va が mu に変化したヴィシャムナ viśamuna の音に、毘（ヴィ）沙（シャ）門（ムナ〜ムン）の漢字を当てはめたのが毘沙門天だったと言えるのである。

毘沙門天の正体が鞍馬の魔王尊と同じインドのクベーラ神であることがわかったついでに、さきほどの寅さんの故郷、柴又の帝釈天のあたりに戻ってみると、この帝釈天＝インドラ神の住まいの南西および十キロメートル地点、今をときめく世界の兜町証券取引所の東には、インドラと並び称される宇宙の司法神ヴァルナ varuna が、なんと水天宮として祭られている。

水天宮の水(みず)がなぜヴァルナになるかと言えば、水のことをアイヌ語ではナ na と言い、朝鮮語ではムル mur と言った。そのムルとナをふたつ重ねたムルナ murna がヴァルナ varuna に近いからである。ヴァルナの v（ヴ）が m（ム）と入れ替わることはすでに見たとおりだから、ヴァルナがマルナ、ムルナと訛ってムル（水）ナ（水）の意味に受けとられ、インドで宇宙の正義を司(つかさど)ってきたヴァルナ神は、あわれにも水くさい神さんになってしまった。

インドのヒンドゥー教の神々が日本でも古くから祭られながら、我々がそのことをほとんど忘れ去ってしまったひとつの原因は、以上のように、これらの神々がインドで呼ばれてきた元の名前とは似ても似つかないものに変えられてしまっているからである。

古代の日本で使われていた高度なアナグラム

読者は、インドのクンビールやヤマ、ヴァイシュラーヴァナが日本の金比羅や焔魔、毘沙門に変わったことまではわかるが、ヴァルナやシャクラデーヴァ（インドラ）が水天や帝釈天に変化した理由はわからなかったと思う。また、マハーカーラが大黒と訳されたことはわかっても、サラスヴァティーが弁財天や弁才天と訳された理由はわからなかったにちがいない。

しかし、シャクラデーヴァやサラスヴァティー（サラスヴァターラー／サラスヴァカーリー）が帝釈や弁財、弁才と訳されたのは、他の神々の名前がそれに近い音をもつ漢字に置き換えられたのとはまったく事情が異なる。ここには、読者も、これまでの学者たちも知らなかった大きな秘密が隠されているのだ。

おそらく、私の『大予言事典』（学研ムーブックス）の読者ならすでにおわかりかと思うが、シャクラデーヴァが帝釈となり、サラスヴァターラーが弁財に置き換えられたのは、実に高度なアナグラム、応用アナグラムの秘法を使った結果なのである。

そのアナグラムとは何か、私は『大予言事典』の中で、アナグラムの基礎を次のように説明した。

アナグラム　ユダヤ教の秘密教義＝カバラの暗号体系を構成するひとつの技法。文字（綴り）の配列を一定の法則に従って入れ替え、言葉のもつ元の意味を覆い隠すために使われる。これにより新しくできあがった言葉は、一見するとまったく意味不明のものとなる。この方法は、ノストラダムスが『諸世紀』の中で次のようによく用いた。

例1　第10章72番

モンゴリアンズ（蒙古人）→アンゴルモア（アングレーム朝のムーア人）

Mongolians→Angolmois

例2　第6章5番

サブマリン（潜水艦）→サマロブリン

Submarine→Sabmaryn→Sabromaryn→Samarobryn

例3　第6章70番

アンリ（一九九九年に甦(よみがえ)る黙示録の獣。かつてない独裁者）→シーレン（世界の王）

Henri（アンリ）＝Enrico＝Henric＝Henryc→Chyren（シーレン、カイレン）

ノストラダムスが用いたこれらのアナグラムはいずれも難解で、『諸世紀』の解読を妨げている。しかし彼は、この本が禁書になることを恐れ、アナグラムを用いたと考えられる。もし彼が、予言詩の中でアンリやナポレオン、モンゴリアンなどの言葉をそのまま使っていたら、『諸世紀』は今日まで生き延びることはなかったであろう。なお参考までにシーレンの各国別名称を以下に記す。

エンリクス（ラテン）　ヘンリー（イギリス・アメリカなど）
エンリケ（スペイン、メキシコなど）　ハインリヒ（ドイツ）
エンリコ（イタリア）　ヘンリック（フィンランド）
アンリ（フランス）　ヘンドリク（オランダ）

このようなアナグラムを用いて日本の未来をも予言したノストラダムスが何者だったか、ということは『大予言事典』を直接お読みいただきたい（付録の予言解読年表は、事件が起こる年代を何年か早めに記してあるので、そのつもりで読まれたい）。

ここでアナグラムについて右の解説に新たに付け加えなければならないのは、古代の日本で使われたアナグラムAnagramが、ノストラダムスのアナグラムよりはるかにムズカシイものになっている、という点である。

たとえば、ここに「星より来たヌシ」という人がいたとしよう。これをローマ字で表わすと、hoshiyorikitanushiとなる。これをアナグラム（字謎遊び）してみると、takihoshiyoshinuriという組み合わせを作ることができる。そして古代日本のアナグラムでは、a（ア）・i（イ）・u（ウ）・e（エ）・o（オ）の母音が必要に応じて入れ替わっているので、その例にならえば、takihoshiyoshinuri は takahashi-yoshinori となる。

そのあとが問題である。ノストラダムスのアナグラムはここまでだが、古代日本のアナグラムではこれに好き勝手な漢字を当てはめるので、takahashiyoshinoriは筆者の名前、高橋良典だということになってしまう。古代日本のアナグラムを使って新しく作られた「高橋良典」は、元の「星より来たヌシ」とはまったくかけ離れた人物となっている。

知られざる日本のアナグラマー、小泉八雲と紀貫之

こんなことをホントに昔の人が知っていて、こんなにも面倒なアナグラムを使った、などとはとても信じられないのが当然である。けれども、インドのサラスヴァタ－ラー（サラスヴァ川のターラー女神）が、古代日本のアナグラマーAnagrammerによって魅力的な弁財天に作り変えられたことはすでに見たとおりである。

皆さんは、今から百年以上前（一八九〇年）に日本へ来て、『心』、『怪談』、『知られざる日本の面影』などの傑作を残したイギリスの文学者、ラフカディオ・ハーン（一八五〇～一九〇四年）が日本では小泉八雲（こいずみやくも）と名乗ったことをご存知だろう。彼が小泉八雲という名前を用いたのは、松江中学校で英語教師をしていた頃に結婚した小泉節子の、その〝小泉〟の姓をとって、これに〝八雲〟という名を付け加えたものと思っておられるだろう。しかし、この小泉八雲という名前は、ひょっとしたら彼の本名、ラフカディオ・ハーンのアナグラムかもしれないのである。読者は、ラフカデ

ィオ・ハーンが近代のアナグラマーだった、ということをご存知だろうか。

つまり、こういうことである。まず、ラフカディオ・ハーン Lafcadio Hearn のそれぞれの文字の配列が変わると、カイドファ・ラヘンル Caidofa Lahenr となる。次に、dはzに、fはmに、lはyに、hはkに、そしてnはm、rはoに変わる。これらの変化は、いずれも言語学的に見てありうることだ。d（ヅ）がz（ズ）に変わるのはよくあることだし、母音が必要に応じて（この場合、小泉に合わせるために）変化することはさきに見たとおりである。とすると、カイドファ・ラヘンルはコイズミ・ヤクモとなる（Caidofa Lahenr～Caizoma Yakemo～Coizumi Yakumo）。日本人、小泉八雲がこうして誕生したとは考えられないだろうか。

しかし、皆さんは、ラフカディオ・ハーンが小泉八雲に変身したくらいで驚いてはいけない。というのは、日本でも、今から千年以上も前に、ラフカディオ・ハーンよりはるかにすごいアナグラムの達人がいたのだ。その名は、紀貫之（きのつらゆき）（八六六？～九四五？年）。

紀貫之と言えば、平安時代の初期に凡河内躬恒（おほしかふちみつね）らとともに『古今集』をまとめあげた三十六歌仙のひとりで、のちの女流文学に大きな影響を与えた『土佐日記』や『貫之集』の著者である。その彼が残した『貫之集』に、次のようなことが書かれている。

紀の国に下りて、かへりのぼる道にて、俄に馬の死ぬべくわつらふ所にて、道行く人立ちとまりていふやう、是はここにいましつる神のし給ふならん。年頃社もなく、しるしもなけれど、いとかしこくていましける神なり。さき〲かやうにわづらふ人人ある所なり。いのり申給へといふに、みてぐら無ければ、何わざすべくもあらず。唯手を洗ひてひざまづきて、神いますげもなき方に向ひて、そも〲何の神とかいふといへば、蟻通の神となん申といひければ、是を聞きてよみ奉る歌なり。そのけ（験）にや馬の心もちもやみにけり。

かきくもり　あやめも知らぬ大空に
ありとほし　をば思ふべしやは

ここには、紀貫之が京都から紀の国（和歌山）へ旅に出かけた帰り道に、蟻通（アリツウズ～アリトホシ）の神がかつて祭られていた神社の境内をそうとは知らずに乗馬姿で通り過ぎようとして馬が倒れ、右のような和歌を献じて神の怒りを和らげた結果、ようやく馬の病気が治ったことが述べられている。

問題は、このとき彼が蟻通の神に捧げたという和歌の内容である。空が真っ暗になって（かきくもり）どこに神がおられるかもわからないのに（あやめも知らぬ）、大空に蟻通の星がある（ありとほし＝ほしありと）と誰が思うでしょうか。と、紀貫之は歌っているが、読者は、この蟻通＝アリツウズの神が、ギリシャ神話に登場する蟻通＝アリトホシの神、ダイダロスのアナグラムになっている、とは夢にも思わないだろう。

ところが、ところがである。ダイダロス Daidalos が少し訛ったタイヅルス Taizulus の文字の配列を変えてみるとどうか。タイヅルスはアリツウズ Alitsuzu となって、日本の蟻通の神は、その昔、大空を飛び、蟻を使って貝にあけられた小さな穴に見事に糸を通したと言われるギリシャのダイダロスだった、ということがわかるのである。

ギリシャの名工ダイダロスは、クレータ王ミーノースのために地下の迷宮に閉じ込められ、ここで息子のイーカロスとともに飛行機械を作ってクレータの迷宮を脱出した。そしてイタリアのシシリー島にひっそりと身を隠していたところ、クレータ王ミーノースは彼の行方を捜すため四方八方に小さな穴のあいた巻き貝を持って行き、この貝に糸を通した者には莫大な賞金を与えると約束した。これを聞いたダイダロスはもちまえの天才ぶりを発揮し、蟻に糸を結びつけてこの貝の穴に糸を通したが、こんなことができるのはダイダロス以外にはいない、ということでミーノースに隠れ家を見つけられてしまった。

ルカの大聖堂の柱に彫られた、ダイダロスのつくったクレタ迷宮の図

このようなギリシャの伝説を紀貫之が知らないで、どうして彼が蟻通の神は大空にいますやと歌えたろうか。なぜ、蟻通しの名工ダイダロスのアナグラムがアリツウズ＝蟻通の神になるだろうか。

紀貫之のこの歌にいたく感動した清少納言は、『枕草子』にこう書いている。

蟻通の明神。貫之が馬のわづらひけるに、この明神のやませ給ふとて、歌よみて奉りけるに、やめ給ひけん、いとをかし。

古代の日本人が、今でも遠いインドを天竺の国として身近に感じていたことは、『竹取物語』の中でかぐや姫が、天竺の火ねずみの皮ごろもを持ってきた人と結婚する約束をしているのをみても、奈良の大仏の開眼供養にインドからボーディセーナという鑑真より偉い人が迎えられているのをみてもわかる。

しかもその頃の仏典、たとえば、『法苑珠林』の不孝篇棄父部に収められた「襍宝蔵経」には、インドよりはるかに遠くにあるクレータ島のことが〝棄老国(キロータ)〟として記されている。日本にはギリシャのアレクサンダー大王や小アジア（トルコ）のミダス王の話が古くから伝わっている。

また、中国の『山海経』には紀元前の世界地理（すべての大陸、そして日本の地理）が記され、中国の『史記』には紀元前の世界各国史が記されている。今みた紀貫之の話くらいで驚いてはいけないのである。古代人の世界観や地理観が今より小さかったというのは大マチガイで、我々は古代の人間のグローバルな宇宙感覚をもう一度見直さなくてはならないのだ。

このことは、本書を最後まで読んでいただけば次第にはっきりしてくるはずだが、とりあえず読者は、古代の日本に紀貫之のようなアナグラムの達人がいて、我々が今いる日本列島以外の土地、インドやギリシャで活躍した古代の神々が日本に元からいた神として伝わっている可能性があることを頭に入れておいてほしい。

ルクミナの謎に挑戦すると、限りなく豊かな歴史が見えてくる

ここで、私が本章のはじめに記した〝ルクミナ〟に戻ってみれば、読者は、この〝ルクミナ〟が今の京都府久世郡久御山町にかつてあった双栗社の、その〝双栗〟に化けたのはなぜか、今ではある程度、事情がのみこめたであろう。

つまり、紀貫之以前の時代に、『山城国風土記』の逸文に「雙栗（双栗）のやしろ」があると記した人物は、ルクミナをアナグラムによって暗号化し、ナミクルに雙（ナミ）栗（クル）という漢字を当てはめて、ルクミナにまつわる遠い昔の記憶を今まで覆い隠してきたのである。

現代のアナグラマーとしてこの〝ルクミナ〟の謎に挑戦してみると、そこには限りなく豊かな歴史が見えてくる。今まで日本の中で千年以上も封印されてきた数多くの資料が、いっせいに皆さんの解読を待ち受けている。

しかも、私が右に紹介したことは、日本だけでなく、朝鮮や中国、インドやエジプト、ギリシャの各地に伝わる古い資料にも適用できるのだ。アナグラムの基本を身に付けた上で、世界各地の神

話や伝説、叙事詩などをもう一度見直してみれば、皆さんにも、これまで久しく見失われてきた古代世界のつながりや、本当の古代の歴史が見えてくるのである。

そのような謎解きの手がかりを私に与えてくれた日本の古鏡の中の〝ルクミナ〟は、さきに見た〝マハアクルラアマ〟と同様、インドの古い記録に〝ルクミニー〟として登場する女性の名前が変化したものだった。

『マハーバーラタ』の付録とも言える「ハリヴァンシャ・プラーナ」の中に出てくるルクミニーは、『ラーマヤナ』の主人公ラーマの弟のクリシュナによって掠奪されたヴィダルバの王ビーシュマカの娘である。

「ハリヴァンシャ・プラーナ」の言い伝えによれば、彼女はシシュパーラの王と婚約し、まさにその結婚式が行なわれようとしていた時、ラーマとともにこの結婚式にやってきたラーマの弟のクリシュナに誘拐されたと伝えられる。

このようなひどい侮辱を受けたヴィダルバとシシュパーラの王たちはクリシュナを追跡したが、ラーマのために逆に撃退された。花嫁の兄のルクミンは、クリシュナを倒して妹を取り戻すまでは再び父王の都には帰らないと誓って、クリシュナのあとをなおも追跡した。しかし彼は、クリシュナと激しく戦って敗れ、妹のルクミニーの命ごいでようやくクリシュナのとどめの一撃を避けることができた。

こうしてルクミンは一命をとりとめたがもはや自分のたてた誓いを破って父の都に帰るわけにい

かず、新しい都を作ってそこに移り住んだ。一方、クリシュナはルクミニーを自分の都のドヴァラカーへ連れてきて、ここでふたりの結婚式を挙げたという（第6章参照）。

「ハリヴァンシャ・プラーナ」は、クリシュナがルクミニーとの間に十人の王子と七人の王女をもうけたことや、彼女以外に一万六千の婦人と結婚してなん千人もの息子をもうけたこと、やがてルクミンがクリシュナの兄のラーマのために殺されてしまったことなどを伝えている。

このようなクリシュナとルクミニーの話は『マハーバーラタ』の本文には出てこないが、これに似た花嫁の掠奪の話は記されている。その話の中で、クリシュナは、『マハーバーラタ』の英雄アルジュナにスバドラーという美しい娘を奪うようすすめ、これがクリシュナの率いるヤーダヴァ族の戦士に許された名誉ある行為だと語っている。

このような花嫁の掠奪がきっかけとなってインドのクル王家がふたつの陣営に分かれ、インドの伝説史上、空前絶後の〝十八日戦争〟に突入していったことは、のちのちの章で詳しく取り上げる。

しかし、ここで我々が問題にしなければならないのは、さきの〝マハアクルラアマ〟といい、今の〝ルクミニー〟といい、どうしてこのようなインドの王とインドの王女に由来する名前が、日本から出土した鏡の中に登場したり、日本の地名となって残っているかという点である。

日本の古鏡に記された〝大いなるクル王〟は、磐余（いわれ）の都にいた狭木之阿毎彦命（セマキシアモヒコノミコト）イルヒに、なぜ、古代インドの花嫁の名にちなむ〝ルクミナ〟駅という地名を刻んだ鏡を贈ったのか。

私は、鏡に刻まれた〝マハアクルラアマオケオ〟を〝大句麗王オケオ〟ととりあえず訳しておいたが、この句麗(クル)王とインドのクル王はどのような関係であったのか。ルクミニーがクリシュナにさらわれたことと狭木之の御陵の北に〝雙栗（ナミクル）〟の地があることとの間には、どのような秘密が隠されているのだろうか。

すべてわからないことだらけであるが、ひとつだけ確かなことはある。昔の誰かが〝雙栗社〟と書き変えたルクミニーの社には、〝阿良足〟という奇妙な名前の神が祭られていた。その〝阿良足〟をカラアシ、カラナシと読んでみると、カラナシのアナグラムはカラシナ、クリシュナである。インドでルクミニーを誘拐して彼女と結婚したと言われるクリシュナ神が日本の久御山(くみやま)町にかつてあった〝ルクミニー〟の社に祭られているのは、決して偶然ではありえない。

しかも、この久御山(くみやま)という地名もよくよく考えてみると、久御山の〝山〟はΛΛΛの形で表わされた〝国〟、つまり古代朝鮮語でナル、ナラと呼ばれた国(ナル)を表わしているから、クミナル、すなわちルクミナ、ルクミニーとなる。

さらにまた、鏡の中に〝ルクミナヱキ〟とともに記された〝ツバキイド〟の地、山城町の椿井の歴史を調べてみると、ここは『万葉集』に「山城の高麗(こま)のわたりの瓜つくり」がいたところだと記されている。〝高麗(こま)のわたり〟とは、昔、このあたりに朝鮮半島や中国大陸から移住してきた高句麗(こうくり)人（記紀などに高麗人(こまびと)・狛人(こま)とも記されたクリ人）が木津川に設けた橋を指している。そしてクリ人、つまりクル族とみられる人々がこの地にいたことは、今も山城町（昔の大狛郷）に高麗(こま)寺の跡や狛氏の城跡があり、対岸の精華町（下狛郷）に狛寺跡や狛門跡の地が残っていることによって確かなのだ。

これらのことすべては、遠い昔、インドからクル族が中国へ、朝鮮へ、日本へ、そして近畿地方の木津川の流域へとやってきたことを意味しているのだろうか。

第3章

『新撰姓氏録』の〝暗号〟解読が始まった

インドのオリッサ州からやってきた八坂一族

ここに一冊の不思議な本がある。その本の名前は『新撰姓氏録』という。『新撰姓氏録』は、平安時代の初期、弘仁六年（八一五年）に嵯峨天皇のもとでまとめられた日本の有力氏族の家系由来記である。ここには筆者の祖先の高橋家だけでなく、鈴木家、佐藤家、斎藤家、中村家、田中家、菅原家などのご先祖の家系と出身地が記されている。いうなれば、我々日本人のルーツを記した書物である。『新撰姓氏録』には天皇家や当時の貴族のことだけでなく、外国からやってきた人たちの祖先とその出身地がはっきり記されている。

そこで、さきほどのクル族のことがこの本に書かれているのではないかと思って調べてみたら、あった、あった、やはりあったのである。

『新撰姓氏録』の「山城国（京都府）諸蕃」の項をごらんいただきたい。そこにはこう書かれている。

八坂造　出自狛国人久留川麻乃意利佐也

これをわかりやすく説明すれば、次のようになる。

八坂造（やさかのみやつこ）は久留（くる）川麻乃（せんまえ）意利佐（おりさ）の狛（こま）国人（高麗国人）より出ず

ということだ。

ここで久留と書かれているのは、昔の中国で今の江南地方（長江の南の浙江省・福建省・広東省など）にあったクル、つまり呉（クレ）のことである。三世紀に『三国志』の呉（ご）の国があった江南地方を指している。

意利佐は、そのまま読めばオリサ、つまりインドの東部にあるオリッサ州、オリザ・ジャポニカとよばれる日本の稲の原産地〝オリッサ〟の旧名の〝オリサ〟に意（オ）利（リ）佐（サ）という漢字を当てはめたものらしい。

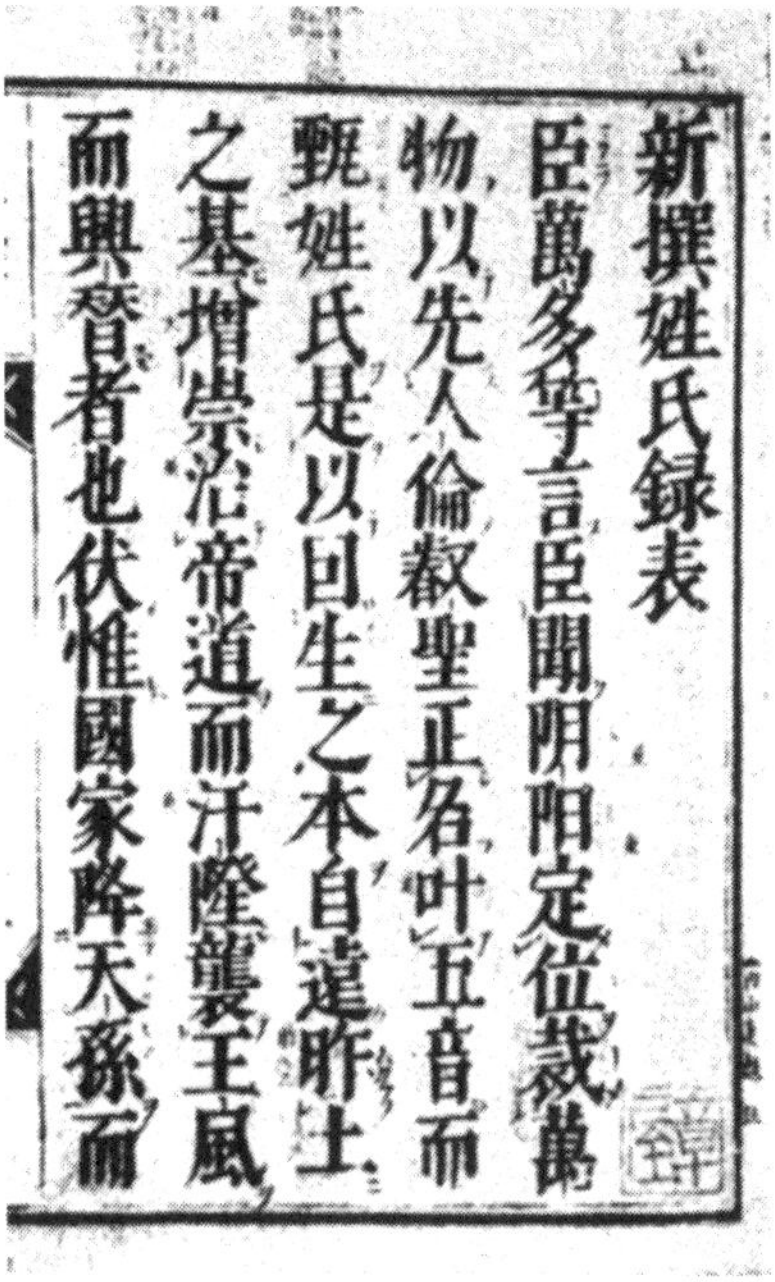
新撰姓氏録表
臣萬多等言臣聞陰陽定位裁萬
物以先人倫叙聖正名叶五音而
甄姓氏是以回生之本自遠昨土
之基增崇治帝道而汗隆襲王風
而興賢者也伏惟國家降天孫而

岩瀬文庫所蔵の『新撰姓氏録』の写本

川麻乃は、インドのオリッサ州や中国の江南地方と並ぶ稲作農業の中心地で、オリサ（意利佐）とクル（久留）の中間に位置するタイのあたりにあったと考えられるから、これはタイのチェンマイに川（チェン）麻（マ）乃（イ）という漢字を当てはめたものにちがいない。乃は呉音でアイ、エと読む。

とすると、京都の八坂神社の社家として千数百年も前から祇園祭りの伝統を守ってきた高句麗人の八坂一族は、インドのオリッサ州からタイのチェンマイ、中国のクレを経て朝鮮や日本にやってきたクル国（高麗国）の人だということになる。

同じ『新撰姓氏録』の「大和国（奈良県）諸蕃」の項に記された八坂造の同族、日置造も、その先祖は伊利須使主、つまりオリッサ（伊利須）の有力氏族（使主）の出だと書いてある。

そこでインドのオリッサ州に日置造に関係がありそうな地名はないかと思って地図を広げてみると、オリッサの州都ブバネシュワルの北を流れるマハナジ川の中流にヒラクドという土地がある。日置造は、これをヒオキゾウと読めば、どうやらヒラクド Hirakud の r の音が落ちて d が z に変わったヒアクズ Hiakuz の変化形、ヒアクズがヒオキゾ、ヒオキゾウと訛ったものに日（ヒ）置（オキ）造（ゾウ）という漢字を当てはめたものらしいのだ。

また、『新撰姓氏録』の「河内国（大阪府）諸蕃」の項を見ると、「大狛連は伊利斯沙禮斯の高麗国人より出ず」と書いてある。

この伊利斯がオリッサだとすれば、沙禮斯は、ヒラクドからマハナジ川を下ったところにあるオリッサの州都ブバネシュワルの、その郊外にあったシシュパール城と呼ばれる都城の地を指していると思われる。それは、なぜか。

シシュパール Shishupal の l の音が脱落したシシュパ Shishupa のアナグラムを考えてみてほしい。シシュパ Shishupa の語順を並べ替えるとシャプシ Shapushi になる。このシャプシに沙（シャ）、豊（プ）、斯（シ）という漢字を当てはめれば、沙豊斯となる。その沙豊斯の豊は、漢和辞典をごらんいただけばわかるとおり、禮とも書く。つまり、沙禮斯は沙豊斯のことで、インドのオリッサ州の旧都シシュパールを指しているのだ。

シシュパールは、アショーカ王の碑文によれば、紀元前三世紀にマウリヤ朝マガダ国のアショーカ王が遠征したカリンガ国の都があったところだ。ここには今も、一辺の長さ千二百メートル、高さ約九メートルの正方形の都城の跡がある。日本の飛鳥や奈良の都のように正方形の形をしたカリンガの都の中心部には、東西南北の各辺にふたつずつ門があり、その四隅に塔を配した立派な城があったことが確かめられている。

日本語に似たクルク語を話す〝使主(シシュパール)の都〟からの渡来人

インドの学者は、ダウリのアショーカ王碑文に記されたトーサリーがシシュパールの地にあったと考えているが、もしもそうだとすれば、トーサリーは『新撰姓氏録』の「大和国諸蕃」の項に日置造の同族として記されている高麗国人、鳥井宿禰(とりいのすくね)の〝鳥井〟と対応している。

トーサリー Tosali がトリイ（鳥井）だと言えば乱暴な話だと思われるかもしれないが、インドのアショーカ王 Asoka が中国や日本でアイク、阿育王と記されていることに比べれば、別にオカシイことではない。インドの人名や地名が漢字で表わされる時には、rだけでなく、sの音が省略される傾向がある。

しかも、この鳥井宿禰と同じ日置造の同族、榮井宿禰は、「伊利須の使主の男、麻弖位の後」だと書かれている。麻弖位とは何か。そのマテヰ（麻弖位）のヰをYa、Yi、Yu、Ye、YoのYiとみなせば、マテヰは何と、オリッサ州の西隣にあるデカン高原の大州、マディヤ・プラデシュのマディヤMadhyaを意味する。彼はどうやらマディヤの地を支配する長だったらしい。

これは、マディヤ州の州都ボーパールの北東にあって、シャカの仏塔の地として有名なサーンチーとともにかつて栄えたサガアルSagaarの、そのrが脱落したサガアSagaaがサカイ（榮井）になっていることを見れば、大いにありうることだ。

『新撰姓氏録』の記事で我々が無視できないのは、右にみた八坂造や日置造、大狛連、鳥井宿禰、榮井宿禰のいずれもが〝オリッサのシシュ〟（伊利須使主）の子孫とされていることである。使主はふつう、なぜかオミと読まれているが、これを文字どおり読めば、シシュである。シシュと言えば、〝シシュパール〟の〝シシュ〟になるではないか。パールは、古代のインドや朝鮮、日本でプル、プラ、弗流、布留、原などと呼ばれた〝邑〟、〝町〟、〝都〟を表わす言葉だから、シシュパールは〝使主の都〟だったと言える。

しかも、伊利須使主がいたオリッサのシシュパールはインド史上のカリンガの都として知られている。そのカリンガKalingaが訛ったコリングKolinguのアナグラム、コルグニKolguniに高（ko）、麗（l）、国（gu-ni）の漢字を当てはめたものが高麗国になるのは、明らかに日本や朝鮮、中国にいた高麗人のふるさとがインドのカリンガにあったことを示している。現に、オリッサで今も使われているクルク語（ドラヴィダ語のひとつ）は日本語とそっくりである。

　クルク語を含むドラヴィダ語がどれほど日本語によく似ているかは、左に挙げた名詞や動詞の例を見ていただけば、一目瞭然だと思う。ドラヴィダ語と日本語はひとつひとつの言葉がよく似ているだけでなく、語順も同じだ。クルク語には日本語の疑問助詞〝か〟と同じkāを疑問文の最後に付ける用法もあれば、受身の助動詞〝る〟〝らる〟に対応する語尾もある。発音の仕方も、日本語と同じ子音＋母音の組み合わせが基本になっている。

　オリッサの北東にあるアッサム州のクルク族は、つい最近まで、日本の〝サク〟と呼ばれた入れ墨と同じ習慣を〝サック〟という言葉とともに保存していた

日本語・ドラヴィダ語の対照表

《日本語》	《古代ドラヴィダ語》	
口	クチ	kutti
足	アシ	atsi
尻	シリ	ciri
うさぎ	オサキ	ocaki
とかげ	トカケリ	tokaker̤i
馬	マ	mā
米	クマイ	kuṯmay
栗	クル	kuru（堅果）
あづき	アツク	aṭuku
皿	サルレ	caḷḷe
窓	マンド	mānḍo（壁のくぼみ）
畳（たたみ）	タタム	taṭṭam
行く	エク	ēku
歩く	アルンク	aluṅk
見る	ミル	mir̤
掘る	ポル	pol
飲む	ヌムク	numk
噛む	カヴ	kavv
割る	ヴァル	vār
切る	キル	kīḷ

し、オリッサの祭りは日本の祭りと同じだ。ブバネシュワルに行かれたことのある方なら、この地方の祭りで〝ラタ〟と呼ばれている神輿（神の乗り物）が、日本各地の祇園祭りで見られる〝山車〟とそっくりだということをご存知のはずだ。タイにもオリッサや日本の祭りと同じ神輿祭りがある。

このようなことを考えてみると、インドのクル族がオリッサからアッサムを経てタイのチェンマイに、中国の呉に（江西省清江県呉城のあたりに）、朝鮮の弗流に（朝鮮と中国の国境地帯を流れる鴨緑江の流域に）、そして日本の淀川や木津川、大和川の流域にやってきたことはまちがいないのである。

『新撰姓氏録』は日本の有力氏族のルーツと渡来経路を記した本だった！

このことは、『新撰姓氏録』の「河内国諸蕃」の項に「島木は高麗国人伊理和須使主の後なり」と記されていることや、「大和国諸蕃」の項に「薦口造は百済国人抜田白城君なり」と記されていることからも確かだ。『新撰姓氏録』にはクル族の移動経路がハッキリと記されているのだ。

島木と言えば、我々はシマキさんと読んでしまうが、島木さんのご先祖は高麗国人すなわちカリンガのクル族で、伊理和須の使主の末裔だ。〝伊理和須〟が〝イラワジ〟だとしたら、島木さんのご先祖は、アッサムの東を流れるビルマのイラワジ川のヌシだと言えないだろうか。イラワジ川とタイの国境線の間には、タウンジー Taung-gyi やトングー Toungoo の町があって、ちゃんと島木の別な読み方、タウギに対応している。

また、薦口造をシンコウゾウと読めば、シンコウゾウは、ジャワ島の東隣にあるバリ島の町、シンガラジャ Singaraja の g が k になって r の音が落ちたシンカアジア Sinkaaja が訛ったものと言える。

なぜそのようなことが言えるのかというと、このバリ島にはペタンという古い遺跡があって、そのペタン Petang が訛ったパテン Patteng に抜（pat）、田（te－ng）の漢字を当てはめたのが抜田になり、バリ島の対岸にある同時代の遺跡、ベスキ Besuki のアナグラムのバクセイ Buksei に白（buk）城（sei）の漢字を当てはめたのが白城君の白城になるからだ。百済人が高句麗人の同族であることは、朝鮮の『三国史記』や『三国遺事』という古い書物にハッキリそう書かれている。つまり百済人もクル族なのである。

今や若い人たちの間でハネムーンのメッカのひとつともなっているこのバリ島に、その昔、我々日本人の祖先の一部をなすクル族がシンガラジャやペタンの町を残していたなんて、とても信じられないけれども、懐かしい気分になるのは私だけではないと思う。

バリ島のペタンやジャワ東端のベスキはインドネシア巨石文化の宝庫として知られている。このあたりに昔、おびただしいドルメンや箱形石棺墓を残した人たちは、『新撰姓氏録』によれば、抜田白城君と呼ばれていたのだ。これらの石棺墓に日本の古墳絵画と同じ文様が描かれたり、その石棺に京都府久津川古墳や大阪府城山古墳などから出土した日本の石棺の突起と同じ突起が付いてい

インドネシアの舟（右）と台湾・高砂族の舟（左）に描かれた、同じ〝太陽神〟のマーク（吉田大洋氏提供）

るのは偶然ではない。

インドネシアのトラジャ族のゴンドラ船に描かれた〝太陽神〟のマークが台湾の高砂族のゴンドラ船にもそっくり同じ形で描かれ、これと同じモチーフが福岡県の珍敷(めずらし)塚(づか)古墳（浮羽郡吉井町）や大阪府の高井田横穴古墳に描かれているのは、インドの港をあとにしたクル族の船が、インドネシアや台湾の港を経て日本へやってきたことを意味している。

〝大(マハア)クル王(ラアマ)〟から日本の狭木之阿毎彦(セマキシアモヒコ)に贈られた古鏡に、ルクミナというクル族の美女の名前が刻まれていることも、ルクミナから双栗(ナミクル)に変わった久御山(クミナル)町の昔の駅家(うまや)と椿井大塚山の間に下狛(しもこま)の地があるのも、またその先に大狛の地や高麗寺の跡があるのも、決して偶然ではないのだ。

しかし、それにしても、日本の『新撰姓氏録』にこのようなインドのクル族の渡来経路や、かつてクル族が築いた都市の名が記され、この本が日本のクル族の遠い昔の故郷（ふるさと）を教えてくれるとは驚きである。

もしも私の解読結果がまちがっていないなら、この本には、八坂氏、日置氏、高麗（こま）氏、鳥井氏、栄井氏、島木氏といった人たちのルーツだけでなく、もっと大勢の人たちの祖先のことも記されているにちがいない。そして、ひょっとしたら、これまで朝鮮半島からやってきた騎馬民族の王だと考えられてきた日本の天皇家のそれ以前のルーツや、インドで地中海方面からやってきたと言われているドラヴィダ＝クルク族の来歴、あるいはまた、我々の祖先の失われた歴史やかつて活躍した土地土地の思い出がよみがえってくるかもしれない。日本のクル族＝高句麗人の移動ルートは、我々日本人の多くの祖先の渡来経路を暗示しているのではないだろうか。

インドのクルク族が我々日本人に非常に近い言葉を話し、クルク族と同じドラヴィダ語を話す人たち、タミル人やテルグ人、カンナダ人、マラヤーラム人などが今もインドに日本の人口と同じくらいいる（六億のインド人の四人にひとりはドラヴィダ人である）ということは、遠い昔、これらの人々の祖先と我々日本人の祖先が同じであったことを意味しているのではないか。インドに行けば、日本人の祖先がかつてこの地に残したいろいろな文化遺産や、我々の祖先の失われた歴史の真相がわかるかもしれない。その手がかりが日本の『新撰姓氏録』に残されているかもしれないのだ。

そう思って『新撰姓氏録』を改めて読み直してみると、いやいや、あるわ、あるわ。これは〝天神さまの細道じゃ〟どころではない。菅原氏をはじめとする天孫族の故郷(ふるさと)、日本神話の〝高天原(たかまのはら)〟は、どうやら、インドのデカン高原にあったらしいのだ。

天孫族の鵜濡渟(うじゆぬ)は〝宝石の都〟ウジャインの出身だ！

読者はすでに、インドのデカン高原でいちばん大きい州が、高句麗人（クル人）伊利須使主（オリッサの祭主）の息子、麻弖位（マテヰ）にちなむマディヤ・プラデシュであったことを知っておられるだろう。問題は、そのマディヤ州にあるボーパールや、ボーパールの西にあるインドール、インドールの北にあるウジャインである。

まずは『新撰姓氏録』の「右京神別上」をごらんいただきたい。ここには、日本の天孫族と言われる出雲臣(いづものおみ)や神門臣(かんどのおみ)のことがこう書かれている。

天孫
出雲臣
天穂日命十二世孫鵜濡渟命之後也。
神門臣
同上

これによれば、出雲臣や神門臣は天穂日（あめのほひ）を初代として数えて十二代目にあたる〝鵜濡渟〟の子孫だという。だが、その〝鵜濡渟〟とは何者か。これまでの研究者は鵜濡渟をウジュヌと読むことで意見は一致しているものの、それ以上のことは何も語ろうとしない。けれども、穂日の子孫のウジュヌという名は、ウジャインの地名にそっくりではないか。

『新撰姓氏録』に記されたウジュヌの祖先やウジュヌの子孫の名前を、漢字の意味にとらわれないで読んでみたら、何かおもしろいことがわかるのではないか。ということで、私はウジュヌ一族の名前を次のように読んでみた。

第一代	天穂日命	穂日	ホヒ	ボピ
第二代	天夷鳥命	夷鳥	イトリ	イドリ
第三代 第四代	不明			
第五代	久志和都命	久志和	クシナ	
第六代 ～ 第十一代	不明			

代	名	読み
第十二代	鵜濡渟命	鵜濡渟　ウジュヌ
	宇賀都久野命	宇賀都久野　ウカツクヌ
	飯入根	飯入根　バンニフネ
第十三代	可美乾飯根命	乾飯根　ホシイヒネ
第十四代	野見宿禰	野見　ノミ　ヌミ
第十五代	不明	
第十六代	意富曾婆連	意富曾婆連　ヲホソパレ
第十七代	日吉曾乃己呂命	日吉曾乃己呂　ヒキソノコロ
	若桑足尼	若桑　ワカクワ
第十八代	不明	
第十九代	大保度連	大保度　ダイボド

このような私の読み方は、漢字にとらわれた人にはまったくデタラメのように見えるはずだ。けれどももう一度、この系図をよく見ていただきたい。読者は、ここに記された〝穂日〟、〝夷鳥〟、〝鵜濡渟〟という名前に心あたりがないだろうか。

日本人はこれまであまりにも漢字の字面（じづら）にとらわれ、過去の注釈者の解説や人名・神名の横に付けられた読み方にふりまわされてきたため、これらの神々のいどころをすっかり見失ってしまった。

だが、〝穂日〟、〝夷鳥〟、〝鵜濡渟〟をそのまま素直に読めば、〝ホヒ〟〝イトリ〟〝ウジュヌ〟となる。

これで読者にはもうおわかりだろう。つまり、ホヒはボーパール Bhopal の l の音が脱け落ちたボパと対応する。イトリはインドール Indore の n の音が落ちたイドールに対応する。ウジュヌはウジャイン Ujjain の語順が少し入れ替わったウジャニ Ujjani に対応している。

つまり、出雲の穂日の神はボーパールの神であり、その息子の夷鳥はインドールの神、その十二代目の子孫の鵜濡渟はウジャインの神だったのだ。

我々はこれまで〝出雲(いづも)〟は日本の島根県にあると思っていたが、その〝出雲〟の神々もまた、かつてはインドのデカン高原にいたのだ。インドのデカン高原には、その昔、日本の神々が住むデカン(高)アメン(天)プル(原)=高天原の〝天の都〟があったのだ。

これは我々にとって、とても信じがたいことだが、『新撰姓氏録』にはちゃんとそう書いてある。『出雲国風土記』を読んでも、そこにあった〝雲出(うなで)〟という土地は、ウジャイン Ujjain のアナグラムであるウンジャジ Unjaji に雲(un)、出(ja-ji)という漢字を当てはめて作られたウジャインゆかりの地であることがわかる。〝出雲〟とはこのウジャイン=雲出の二文字を倒置して作られた言葉なのである。

さきに見た出雲臣は、〝ボーパールに天降(あまくだ)れる者〟穂日命(命=ミグトゥ migut／拙著『謎の三千年史』参照)の十二世の孫、ウジャイン(鵜濡渟)の子孫として、インドの高天原にあったウジャインの都からはるばる日本へやってきたのだ。

日本の出雲臣の祖先、鵜濡渟は、紀元前のインドで〝宝石の都〟〝宝石貿易の中心地〟（『エリュトゥラー海案内記』参照）と言われたアヴァンティ国の首都＝ウジャイニーの建設者か、その建設者の血をひくアヴァンティの王だったらしいのだ。

「漢字の呪縛」を離れると日本人の故郷が見えてくる！

インドの考古学者N・R・バネルジーらが一九五五年以後の発掘調査によって明らかにした結果によれば、ウジャインの城は東西約一キロメートル、南北約一・五キロメートル、高さ約十三メートルの城壁で囲まれ、その城壁の基部の厚さは、なんと七十五メートルもある。

アヴァンティの都ウジャイニーが栄えたのは、インドの考古学者によれば紀元前五〇〇年頃から紀元前二〇〇年頃までとみられているが、初期の城跡や住居跡は紀元前七五〇年頃まで遡るらしい。そして、このウジャイニーでは初期から鉄が使われ、城の周りには見事な濠が造られたことが確かめられている。ウジャイニーには、紀元前三〇〇年頃、巨大な運河や貯水池があちこちにあった。

アヴァンティの都ウジャイニーは、まさしく我々日本人の祖先の〝天都〟、アヴァン（天）ティ（都）だったのである（第5章参照）。

この鵜濡渟の都ウジャイニーの東には、さきに見たとおり穂日の都ボーパールがある。ウジャイニーの南には夷鳥の都インドールがあった。これら三つの都市はひとつの道でまっすぐに結ばれて

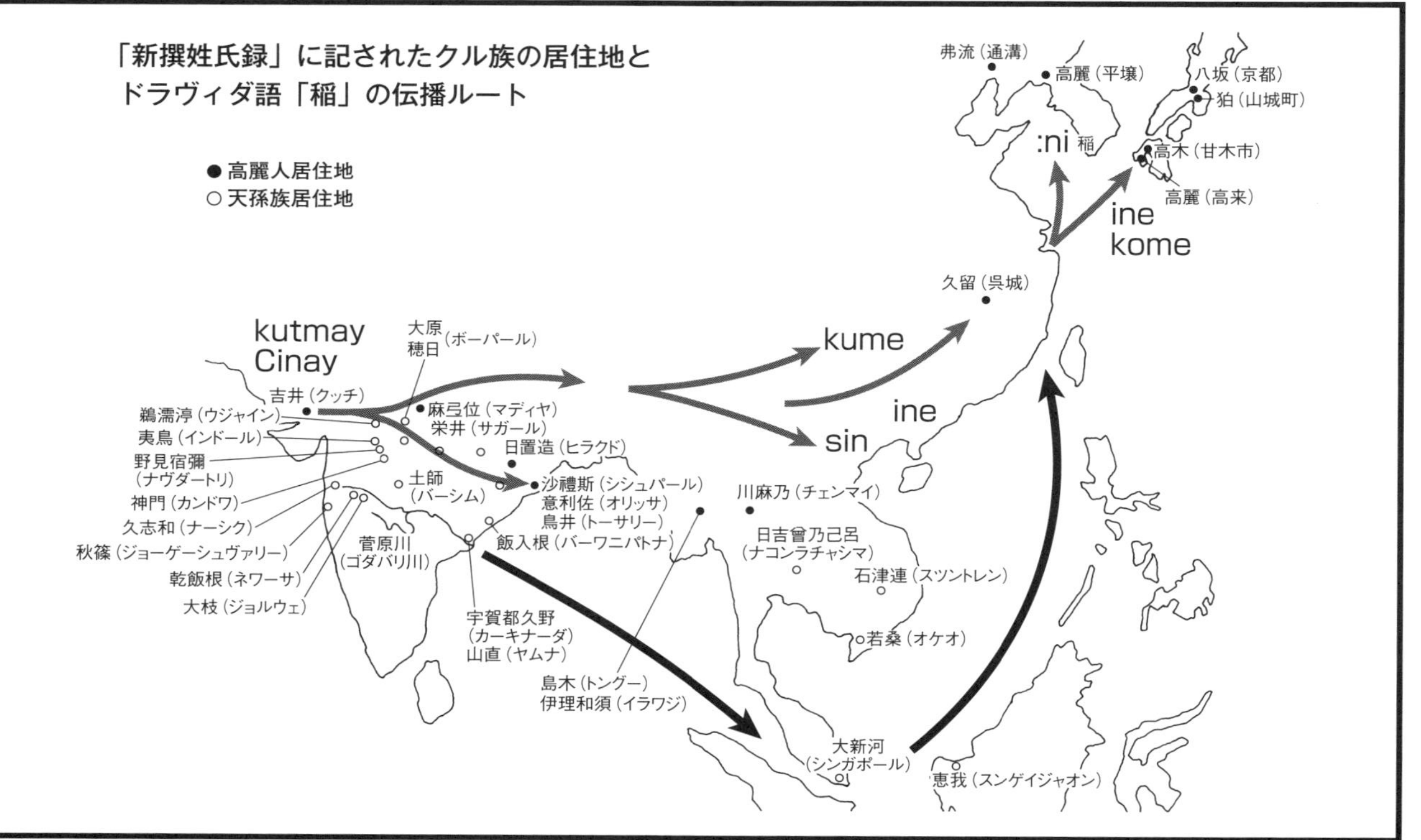
「新撰姓氏録」に記されたクル族の居住地と
ドラヴィダ語「稲」の伝播ルート
● 高麗人居住地
○ 天孫族居住地
kutmay
Cinay
吉井（クッチ）
鵜濡渟（ウジャイン）
夷鳥（インドール）
野見宿彌
（ナヴダートリ）
神門（カンドワ）
久志和（ナーシク）
秋篠（ジョーゲーシュヴァリー）
乾飯根（ネワーサ）
大枝（ジョルウェ）
大原
穂日
（ボーパール）
麻弖位（マディヤ）
栄井（サガール）
日置造（ヒラクド）
土師
（バーシム）
沙禮斯（シシュパール）
意利佐（オリッサ）
鳥井（トーサリー）
飯入根（バーワニパトナ）
菅原川
（ゴダバリ川）
宇賀都久野
（カーキナーダ）
山直（ヤムナ）
島木（トングー）
伊理和須（イラワジ）
川麻乃（チェンマイ）
日吉曾乃己呂
（ナコンラチャシマ）
石津連（スツントレン）
若桑（オケオ）
大新河
（シンガポール）
恵我（スンゲイジャオン）
kume
sin
ine
久留（呉城）
弗流（通溝）
高麗（平壌）
:ni 稲
ine
kome
八坂（京都）
狛（山城町）
高木（甘木市）
高麗（高来）

いただけでなく、インドールの南にのびるその道をさらに進んでナルマダ川を越えたところには、野見宿禰の町ナヴダートリや神門臣の町カンドワがある。

そしてカンドワからアジャンタ、エローラのそばを通ってボンベイの港に向かう途上には久志和の町ナーシクや秋篠氏の町ジョーゲーシュヴァリーがあり、エローラの近くからゴダバリ川に沿ってベンガル湾に出れば、その河口には宇賀都久野の町カーキナーダや山直氏ゆかりのヤムナの港がある。

今、読者の大部分は、おそらく初めてこれらの町の名前に注目されたと思うが、これらの町は決して読者が「知らない」町ではない。読者の中にはこれらの町の名前を聞いて、何かとても懐かしい思い出のようなものがよみがえってくる感じをもたれた方もおられるにちがいない。

確かにそれは、決して我々の祖先が知らない町ではなかった。なぜなら、野見宿禰の子孫の土師氏はバーシムの人であり、菅原氏とその子孫の菅原氏はかつてゴダバリ川の流域に住んでいたからである。

私はここで、これらの人々のルーツをすべて証明しようとは思わない。というより、それを明らかにするのは、読者の皆さん、あなたがた、あなたなのだと思う。

なぜなら、『新撰姓氏録』にはこれらの人たちのルーツが記され、それがインドのデカン高原に、ゴダバリ川の流域に広がる町々にあったとハッキリ書いてあるからである。

もしもあなたが、本書で明らかにしたアナグラムの手法をマスターして『新撰姓氏録』の謎解きに挑戦されるなら、あなたはきっと私より、もっともっと多くのことを明らかにできるだろう。あなたもまた、私といっしょに日本人の祖先の失われた歴史を明らかにできるはずだ。

その時、我々が注意しなければならないのは、『新撰姓氏録』に記された漢字にとらわれてはならないということである。これは、日本に伝わるすべての古い書物、中国、朝鮮に伝わる古い書物、漢字で書かれたすべての古代資料に当てはまる。

もしも我々が漢字の呪縛から離れて古代の歴史を見直してみるなら、そこにはこれまで、千年も、二千年もの間、秘密にされ、封印されてきた我々の祖先の輝かしい歴史が記されているのだ。

神話解読の有力な武器、〝ルクミニー〟の五つの法則

そこで私は、これから自分でも古代アジアの隠された秘密の歴史を解読してみようと思われる方のために、これまで私が述べてきた〝暗号〟解読の手法を整理しておこう。

その基本は、簡単に言えば、次のような〝ルクミニー〟の五つの法則に従っている。

Ⅰ　原音　　ルクミニー Rukmiṇī
Ⅱ　転訛音　　ルクミナ Rukumina
Ⅲ　アナグラム　　ナミクル Namikuru

Ⅳ　漢字による変形　雙栗＝双栗～久御山

Ⅴ　読み方の変化　なみくり～くみやま

Ⅰの原音がⅡの転訛音に変化するのは、インドやアジアがアーリア化される前の先住民（クル族、クルク族を含むドラヴィダ語族）の言葉の特徴に基づくもので、言語学的な根拠がある。原音（または原音に近い音）の変化の仕方をまとめると、おおよそ次のような傾向がある。

1　母音変化

Rukminī
＝
Rukminii
↓
Rukumina

2　清音化

Dārā
↓
Tārā
＝
太良

3 r音脱落（l音脱落も含む）
Marnar
Mana
麻奈
4 g音脱落
Kōsīg
Kōsī
古子
5 k音脱落
Īkṣvāk
Īṣvā
伊支馬
6 m音脱落（n音脱落も含む）
Megasthenēs
Gasthenes
葛叱智那蘇
アナグラム
蘇那葛叱智
(崇神天皇の晩年に来朝した任那の使者)

7
d音脱落（t音脱落も含む）
Sandrakottos
Sanrakottos
母音変化
Sinrukittis
＝
真入木日子
アナグラム
真木入日子
御真木入日子
（＝崇神天皇）
8
s音脱落
Bhikṣu
Bhiku
＝
卑狗
9
t〜s変化（d〜s変化も含む）
Sauti
Sausi
母音変化
Saisi
＝
載斯
10
h〜s変化（j〜s変化も含む）
Mahendra
Masendra
母音変化
r音脱落
Misindi
＝
味真治
うましまぢ

11
d〜z変化（t〜z変化も含む）
Daidalos
Daizalos
母音変化
清音化
Taizulus
アナグラム
Alitsuzu
＝
蟻通
12
v〜b〜m〜p〜h〜k変化
Minkar
Binkar
母音変化
r音脱落
Bunka
＝
文賈
13
r〜y〜n変化
Sorapor
〜
Soyapor
〜
Sonapor
Sopur
蘇羅伐
蘇耶伐
蘇那伐
京城
14
s〜c〜k変化
Sarasva
Saracva
Sarakva

15　n～g～d変化

16　その他（省略）

第Ⅲ法則〝アナグラム〟が古代史をひもとく決め手だ

読者は、このような音の転訛のおおよその傾向を頭に入れておけば、面白いことが次々にわかる。

たとえば、第2章で読者は日本の弁才天がインドの女神サラスヴァアカーリーに由来していることを知ったが、このような発想をギリシャ神話に適用してみれば、ギリシャ神話の中心人物のひとり、とても浮気な大神ゼウスをいつも悩ませたあの嫉妬深いゼウスの奥方のヘーラー Hera は、インドの女神カーリー Kālī のことだった、とか、ヘーラーの住まいがあったイーデー Ide はヒマラヤ山脈のデーヴィーの山、ナンダデビ Nanda Devī のデーヴィー Devī がヴィーデー Vide になったあと v の音が脱落したものにちがいない、などと考えることができる。

また、同様にこれをシュメール神話に応用してみれば、伝説の神々の楽園〝ティルムン〟とは〝日本〟のことではなかったか、とか、大洪水を生き延びたウトナピシュティムは『新撰姓氏録』

に登場する日本の神、天御中主命のことではなかったか、などということがわかるのである。

これを少し詳しく説明すると、まずティルムン Ḋirmun から r が落ちるとティムン Ṫimun（契丹古伝の東冥）になり、ティムンの m の音が p に変化するとティプン Ṫipun（契丹古伝の東表／中国伝説のチピン）になる。そしてこのティプンの t の音がさらに j に変わり、母音の u が o に変わったジポン Jipon をちょっとカッコよくジッポン Jippon と発音すれば〝日本〟になる。

ウトナピシュティムが天御中主であることは、ウトナピシュティム Utnapiśtim の綴りが入れ替わったティンマティプシュ Tinmatipśu の母音変化形、テンミティプシュ Tenmitipśu を考えればよい。このテンミティプシュに天（ten）御（mi）中（tip）主（śu）という漢字を当てはめれば、アーラ、フシギ、われらの天御中主（あめのみなかぬし）に大変身するわけだ。

日本の天御中主がシュメール伝説の主人公だったなんて、今まで誰も言っていないけれど、これはオモシロイ、と思ったら、皆さんはさっそくアナグラムの基礎を十分にマスターしなければならない。

〝ルクミニー〟の第三法則、「アナグラム」はすでに天御中主＝ウトナピシュティムの例を見てもわかるとおり、なかなか複雑で意外性がある。『新撰姓氏録』の神々や我々の祖先の本当の姿を明らかにするには、少々難しくても、我慢しなければならない。また、『新撰姓氏録』以外の多くの書物にあたって、謎解きの鍵を見つけなければならない。急がばまわれ！　の迂回戦術で古典の知識をたっぷり身につければ、その収穫は測り知れないほど大きいのだ。

読者の中には、このアナグラムをちょっとバカにしている人もいるかもしれないから、ここでひとこと言わせてもらうと、実は、このアナグラムの知識がなければ、今やどんなにエライ学者といえども古代史を語れなくなっているのである。

たとえば、皆さんはさきほどのカーリー女神がインドではターラーとも呼ばれていたことを知っている。カーリーにはこの他にドゥルガー、〝近づき難い者〟という意味の別名がある。そのドゥルガー Durgā がインドの秘密の教えでは、〝眠りをつかさどる女神〟ニドラー Nidrā なのである。

皆さんは、このニドラーがなぜドゥルガーと同じ女神を指しているかおわかりだろうか。これは秘伝だから、どんなサンスクリット学者でもふつうは知らない。知らないけれど、ニドラーがドゥルガーだということは知っている。そのココロは、アナグラムである。

ドゥルガー Durgā の綴りを入れ替えるとグドラー Gudrā になることは、ごらんのとおりだ。グド（gud）は〝牛〟、ラー（rā）は太陽神、つまりグドラーには太陽女神の化身＝聖牛という意味がある。菅原（すがわら）さんのご先祖は昔、管原（くだはら）さんと言われたことが『新撰姓氏録』に見えるが、そのクダハラもグド（gud）プル（pur）、〝聖牛のいます町〟に由来している。日本の菅公が牛と縁が深いのも当然なのである。その菅原一族がいたゴダバリ川も、グドプルが訛ったものだ。

さて次に、このグドラー Gudrā の g が n に変わり、u が i に変わるとニドラー Nidrā である。つまりグドラーはニドラーのことである。私がこう言うと、g が n に変わるハズがないと思う人もいるかもしれない。けれども、この変化法則はヨーロッパ言語学の創始者のひとり、ヤコブ・グリム（一七八五〜一八六三年）が発見した〝グリムの法則〟という音韻変化の法則にのっとっているのだから、心配御無用である。

インドで確認された天孫族・菅原氏の家紋

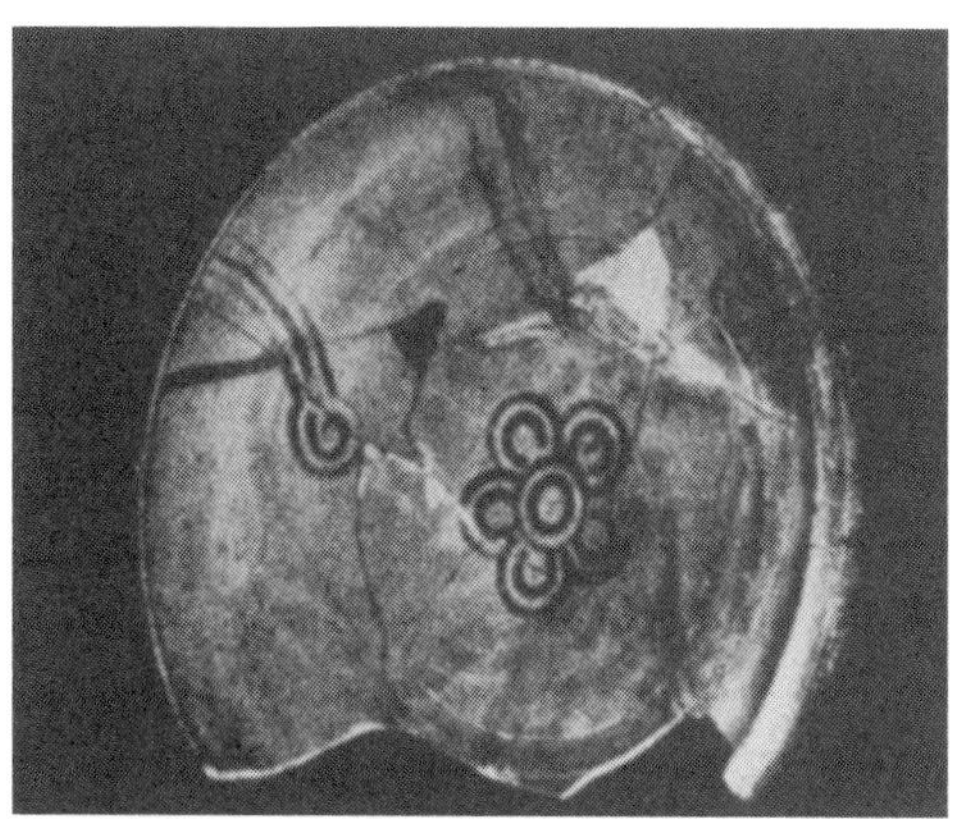

アヒッチャトラー出土の彩文灰色土器に描かれた“梅鉢紋”

アグラのシカンディン城の石柱基部に見られる“梅鉢紋”

邪馬台国や狗奴国の謎もこの手法で解けた！

こうしてインドのドゥルガーがニドラー女神に変身したのは、〝ルクミニー〟の第Ⅱ法則、「音の変化」だけでなく、Ⅲのアナグラムに基づいている、ということが読者にもおわかりいただけたと思う。

このアナグラムをスキタイ神話に応用すれば、スキタイ国家の創始者と言われるタルギタオスの語幹〝タルギタ〟は、紀元前八世紀のアッシリアの大王、ティグラト・ピレセル Tiglath-pileser（紀元前七四六〜七二七年在位）の〝ティグラト〟のアナグラムであることがわかる。また、ヘロドトスの『歴史』に出てくるマティエノイの語幹〝マティエ〟は、イラン高原にあったメディア Media のアナグラム、マディエ Madie に由来することがわかって、その名もうるわしき魔女メデイア Mēdeia の国のようすが今よりもハッキリしてくる。

いや、そのメデイアよりもっとすごい魔女、邪馬台国の女王〝卑弥呼〟の正体や、卑弥呼と戦った〝狗奴（くな）国王卑弥弓呼（ひみきゅうこ）〟の正体さえわかってくるのだ。

皆さんは、〝卑弥呼〟と言うとすぐ日本人だと思ってしまうが、彼女は〝倭人〟である。その倭人がいた〝邪馬台〟とは、実はⅡの法則に従えば、古代インドのマガダ国で〝神々の島〟があった理想郷とされているジャンブドヴィーパ Jambudvīpa（仏教用語の閻浮提（えんぶだい））が訛ったヤーヴァドヴィーパ Yāvadvīpa の、そのヤーヴァド Yāvad に邪（yā）馬（va）台（d）という漢字を当てはめただけなのだ。

そして〝卑弥呼〟は、なんと、ヒマラヤの女神ウマー Umā（またしてもカーリーの別名）がオマア Omah と訛ったものに、呼（o）弥（ma）卑（h）という漢字を当てはめ、これを卑弥呼と倒置した名前なのである。

そんなバカなことがあるはずはない、と思いたいのだが、これはどうやら本当である。それは『魏志倭人伝』に登場する人名や官名、国名のすべてがインドのサンスクリット語でハッキリと意味をなすことからも、そう断言できる（九八ページの表参照）。

このことは、女王国の南（魏志）と東（後漢書）にあったとされる狗奴国の〝卑弥弓呼〟の正体がわかってみれば、なるほどと合点がいくはずだ。つまり、その〝卑弥弓呼〟とは、本書の冒頭で私がご紹介したマハア・クル・ラアマ・オケオ Mahā Kuru Rāma Okeo のマハア・オケオ Mahā Okeo に、弥（ma）卑（ha）呼（o）弓（keo）という漢字を当てはめて卑弥弓呼と倒置した名前なのである。

『魏志倭人伝』の〝狗奴王卑弥弓呼〟、すなわち〝弥卑狗奴王呼弓〟は、奈良市の御陵に納められた古鏡にその名が見える〝マハア・クル・ラアマ・オケオ〟だった！　この古鏡に記された癸未年とは二二二年のことである！

さても、これはまた大変なことになってしまったが、これなどはアナグラムを応用してみたほん

サンスクリット語で読むと意味をなす「魏志倭人伝」の官名・人名

【官　名】

●邪馬台国の長官＝伊支馬イシバ→イークシュヴァーク（太陽神から生まれたイークシュヴァーク王の子孫）
邪馬台国の次官＝弥馬升〜弥升馬ミショウマ――ウパシャーマ（心おだやかなる者）
邪馬台国の次官補＝弥馬獲支ミマカシ――ムムクシュ（解脱を求める者）
邪馬台国の補佐官＝奴佳鞮ドカテイ――ディークシャー（入門式を済ませた者）

●投馬国の長官＝弥弥ミミ――ムム（解脱せる者）
投馬国の次官＝弥弥那利〜那利弥弥ナリミミ――ニルヴァーナ（得度せる者）

●不弥国の長官＝多模タボ――デイヴャ（神人）

●奴国の長官＝兕馬觚ジバコ――ディンバカ（シヴァ崇拝者ディンバカ仙ゆかりの者）
奴国の次官＝卑奴母離ヒドボリ――ヴィドゥーラ（宮廷僧）

●伊都国の長官＝爾支〜支爾シジ――シッディ（神通力もてる者）
伊都国の次官＝泄謨觚セボコ――シャンブーカ（シュードラに属するシャンブーカ仙ゆかりの者）
伊都国の次官＝柄渠觚ヘイキョコ――ボージャカ（ゾロアスターの太陽と火を司る僧）

●一大国の長官＝卑狗ヒク――ビクシュ（宗門に帰依した僧）

●対馬国の長官＝卑狗ヒク――ビクシュ（右に同じ）

【人　名】

●景初三年（二三九年）に卑弥呼が魏に派遣した使者
難升米ナンショウマイ――ナンディグ・ラーマ（王の代理）
都市牛利ツシギュウリ――トゥルシー・カウラ（カーリー女神の部族に属するトゥルシー）

●正始四年（二四三年）の使者
伊声耆イショウシ――ラジャス（憤激せる者）
掖邪狗エキジャク――エーカシュリンガ（一角）

●正始八年（二四七年）の使者
載斯サイシ――サウティ（語り手）
烏越ウエツ――ウパッティ（事の次第を語る者）

の一例にすぎない。このように意外なことは、これから次章を読んでいただければ続々とわかってくる。Ⅳの法則の漢字表記の意外性も、そこでタップリ味わっていただくことになる。

はたして日本神話の高天原はインドのデカン高原にあったという私の仮説が本当かどうか、皆さんは大いに疑って、じっくりと読んでいただきたい。次章以後に書かれたことは、一見、『新撰姓氏録』の世界から離れるかにみえるが、最後には、皆さんもその意味がわかってくださるはずである。

第4章

日本神話の高天原(たかまのはら)は インドのデカン高原だった！

高木神（たかぎのかみ）（高皇産霊尊（たかみむすびのみこと））はインドのクル族の祖神だ

『新撰姓氏録』によれば、インドの高天原には、次のような天御中主命、高皇産霊尊にはじまる我々日本人の祖先が住んでいたと記されている。

御手代首（みたしろのおびと）
　天御中主命十世孫天諸神命之後世。
服部連（はっとりのむらじ）
　天御中主命十一世孫天御桙命之後世。
齋部宿禰（さいべのすくね）
　高皇産霊尊子天太玉命之後世。
大伴宿禰（おほとものすくね）
　高皇産霊尊五世孫天押日命之後世。
玉祖宿禰（たまをやのすくね）
　高御牟須比乃命十三世孫大荒木命之後世。
伊與部（いよべ）

高媚牟須比命三世孫天辞代主命之後世。

波多祝（はたのはふり）

高彌牟須比命孫治身之後世。

弓削宿禰（ゆげのすくね）（河内国神別）

高御魂乃命孫天毗和志可氣流夜（あめのひわしかけるや）命之後世。

小山 連（こやまのむらじ）（左京神別）

高御魂命子櫛玉命之後世。

役 直（えだちのあたひ）

高御魂尊孫天神立命之後世。

葛 木忌寸（かずらきのいみき）

高御魂命五世孫劔根命之後世。

久米直（くめのあたひ）

高御魂命八世孫味耳命之後世。

小山 連（こやまのむらじ）（摂津国神別）

高魂命子櫛玉命之後世。

恩智神主（おちのかみぬし）

高魂命児伊久魂命之後世。

弓削宿禰（左京神別）
　高魂命孫天日鷲翔矢命之後世。
忌玉作
　高魂命孫天明玉命之後世。
荒田直
　高魂命五世孫劔根命之後世。
大伴大田宿禰
　高魂命六世孫天押日命之後世。
日奉連
　高魂命之後世。

ここにご紹介した天太玉命、治身、櫛玉命、天神立命、伊久魂命、天日鷲翔矢命、天明玉命といった神々は、のちの時代にインドから日本へ渡来し、京都の左京区や右京区、奈良、大阪、兵庫などに住んだ服部さんや小山さん、久米さんや恩智さん、荒田さんや葛木さんなどの祖先である。『新撰姓氏録』には、この他にも、高天原にいた天底立命（天常立命）の子孫や、伊弉諾命の子孫の名前がズラリと並んでいる。これらの神々の名前をひとつひとつ挙げ、皆さんのご先祖とどのようにつながっていくかを述べていったらキリがない。

しかし、皆さんには、ひとつだけ覚えていてもらいたいことがある。それは、インドの高天原に最初に日本人の国を作ったのは、どうやら、ここにいろいろな漢字を使って記された高皇産霊尊ではなかったか、ということである。

高皇産霊尊は、ここで高御牟須比乃命とか高媚牟須比命、高禰牟須比命、高御魂乃命、高御魂尊、高御魂命、高魂命などと、実に多くの形をとって漢字で表わされている。『古事記』はこの神を〝高木神〟とも表わしている。

けれども、皆さんはこれらの漢字に惑わされてはならない。なぜなら、高皇産霊の神はもともと高麗(クル)人の神であり、高麗(コウライ)が高来(コウライ)に変えられたあと、高来(たかぎ)がさらに高木(たかぎ)に書き改められて由来がわからなくなってしまったインドのクル族の祖神だからである。

このことは、神奈川県大磯の高麗山がのちに高来山と改められたり、長崎県の高来地区を経て福岡県の筑後川流域、そして幾内の淀川・大和川流域にやってきたクル族の手による高麗神社がのちに高木神社に改められたことなどの数多くの実例からハッキリしている。

『古事記』に高木の神と記された『新撰姓氏録』の高皇産霊の神は、記紀から洩れた貴重な話が載っている『宮下文書』によれば、インドの高天原初代の神である国常立の神の父親だと記されている。

その高皇産霊が、エジプトからインドへやってきたテーベ王朝最後のファラオのアイ。彼は世界中にその名を知られたツタンカーメン王を手厚く葬ったあと、インドへ息子たちとともにやってきてクレオーンKreonと称した。そして、その実在の王の名前に、高（K）霊（re）皇（o）産（n～m）の漢字を当てはめて作られた祖神であることは、やがて本書の読者にもおわかりいただけるはずである。

しかし、この章ではまず、『新撰姓氏録』に記された高天原の神々が『古事記』や『宮下文書』などではどのように位置づけられているか、その点からさっそく調べてみよう。

以下に見る『古事記』と『宮下文書』には、『新撰姓氏録』で必ずしもはっきりしない高天原の神々の系図が〝別天つ神五柱〟〝神世七代〟として記されている。

インドの古代都市と結びつく高天原の神々

まず『古事記』には以下のように書かれている。

別天つ神五柱

天地初めて発けし時、高天の原に成れる神の名は、天之御中主神。次に高御産巣日神。次に神産巣日神。この三柱の神は、みな独神と成りまして、身を隠したまひき。

次に国稚く浮きし脂の如くして、海月なす漂へる時、葦牙の如く萌え騰る物によりて成れる神の名は、宇摩志阿斯訶備比古遅神。次に天之常立神。この二柱の神もまた、独神と成りまして、身を隠したまひき。
　上の件の五柱の神は、別天つ神。

神世七代

次に成れる神の名は、国之常立神。次に豊雲野神。この二柱の神もまた、独神と成りまして、身を隠したまひき。
次に成れる神の名は、宇比地邇神、次に妹須比智邇神。次に角杙神、次に妹活杙神。次に意富斗能地神、次に妹大斗乃辨神。次に於母陀流神、次に妹阿夜訶志古泥神。次に伊邪那岐神。次に妹伊邪那美神。
　上の件の国之常立神以下、伊邪那美神以前を、并せて神世七代と称ふ。

（岩波文庫『古事記』）

ここに登場する神々を整理すると次のようになる。

第一代　天之御中主（天御中主）
第二代　高御産巣日
第三代　神産巣日
第四代　宇摩志阿斯訶備比古遅

第五代　天之常立（天常立）
第六代　国之常立（国常立）
第七代　豊雲野
第八代　宇比地邇・須比智邇
第九代　角杙・活杙
第十代　意富斗能地・大斗乃辨
第十一代　於母陀流・阿夜訶志古泥
第十二代　伊邪那岐・伊邪那美

従来の解釈によれば、これらの十二代にわたる高天原の神々のうち、第一代の天之御中主は天御中主とも書かれ、高天原という天上界、または宇宙を創造した最高神とみなされている。第二代の高御産巣と第三代の神産巣の二神は万物をはぐくむ太陽神（日神）と考えられ、高御産巣は高皇産、神産巣は神産とも書かれる。

第四代の宇摩志阿斯訶備比古遅は葦茅（あしかび）（葦の芽）のようにたくましい生命力を表わす神であり、第五代の天常立は天界を支える神、第六代の国常立は国土を支える神と考えられている。

しかし、第七代の豊雲野は雲の神かと思えば豊斟渟（とよくみぬ）、豊国主、豊囓野（とよかみぬ）などとも書かれるため、その意味がいまひとつハッキリしない神だ。

また、第八代の宇比地邇、須比智邇はどのような意味かわからないが、『日本書紀』に泥土煑（うひぢに）、沙土煑（すひぢに）と書かれているため、たぶん泥や砂を神格化した神だろうと思われている。

第九代の角杙、活杙は杙を神格化した奇妙な神とみられているし、第十代の意富斗能地、大斗乃辨は『日本書紀』に大戸之道、大苫辺と書かれているので、おそらく住居か居所に関係のある神ではないかと勝手に推測されている。

第十一代の於母陀流と阿夜訶志古泥は『日本書紀』に面足、惶根などと書かれているが、その神名の意味はほとんどわからず、面足という文字面（もじづら）から人体の完備に関係がある神ではないか、阿夜という言葉の印象から意識の発生に関係があるのではないか、などとも説かれている。

第十二代の伊邪那岐と伊邪那美は比較的よく知られた説によればアキ（男）とアミ（女）に由来すると言われているが、それでも伊邪の意味は学者によってまちまちで、『日本書紀』に伊奘諾、伊奘冉と書かれているのを見るとますます意味がわからなくなる。

要するに、従来の説では最初の五代までの神々の名前の意味はわかったような気にさせてくれるが、あとの七代の神々については十分に納得できる説明がなされていない。

しかし、すでにこれまで私が解いた神々の名前の由来を参考にしてもらえば、以上の高天原の神々の名称は、インドのデカン高原にあった古代都市の地名に関係があるのではないかと思いあたるはずだ。

たとえば、第八代の神はウヒヂニ、スヒチニと読まれているが、これらふたつの神名と関係が深い土地をデカン高原に求めてみると、ウヒヂニはウヂヒニ、ウジャヒニの変化からウジャイニーの神であったこと（鵜濡渟の都ウジャインの旧名がウジャイニー！）、スヒチニはスニチヒ、サヌチヒの変化からサーンチーの神だったという結論が得られる。

また、第十代の大戸之道と大苫辺を従来のようにオホトノヂ、オホトマベと読まず、ダイコノドー、ダイムシロヘンと読んで語順を入れ替え、ダイノコード、ダイヘンムシロと読み直してみると、これらの固有名詞はウジャイニーの西方にあるグジャラート州のふたつの古代遺跡、ジュナガードとデーヴニモーリに対応していることがわかる。というのも、ジュナガードはデウナゴード、ダイノコードと訛ったあとダイコノドーに変わり、デーヴニモーリはデイブニモシリ、ダイヘンムシロと訛ったあとダイムシロヘンに変化したことが考えられるだけでなく、カーティアワル半島の南端にあるジュナガードとアーメダバードの北北東七十キロメートル地点にあるデーヴニモーリは同時代（インドの初期歴史時代）の遺跡で、古くから使われていた街道でひとつに結びついていたことがはっきりしているからである。

『宮下文書』に秘められた高天原の地誌を探る

私は同様の方法で天之御中主から伊邪那美に至る十二代の神々の元の名前と居所をつきとめていったが、ここですべての結果を紹介するのは読者にとっても煩雑と思われるので、『宮下文書』に

「高天原世の天神」と記された以下の七代の神々についてのみ、身元を具体的に明らかにしてみよう。

第一代　国常立（別名：農立比古）
第二代　国狭槌（別名：農佐比古）
第三代　豊斟渟（古事記の豊雲野）
第四代　泥土煮
第五代　大戸道
第六代　面足
第七代　伊奘諾

『宮下文書』には、この七代の神々について以下のように記述されている。少し長くなるが、重要な箇所なので引用してみよう

　前朝、十五代、高皇産霊神に、御子、七柱ましまします。第五の御子を農立比古（のうだつひこ）命という。すなわち国常立命これなり。第七の御子を農佐比古（のうさひこ）命という。すなわち国狭槌命これなり。共に、智勇、甚だ勝れましましき。

高皇産霊神、第五の御子、農立比古命（国常立命）に詔りたまわく「東の海原に、形世に二つなき蓬萊山ありと聞く、汝が命等これに天降りて、蓬萊国を治せ」と事依し給いき。農立比古命は、父大御神の命のままに、一族の多数の神を率いて、蓬萊山の煙を目標として天降りましき。

しかるに、十余年を経るも、復奏なかりしかば、父大御神、農立比古命等の安否を按じ、日夜み心を悩まし給いぬ。

高皇産霊神は、第七子農佐比古命（国狭槌命）に詔りたまわく「吾れ、親ら、農立比古命の後を追いて天降るべし」と。

農佐比古命は、旅装を修め、一族三千五百神を率いて、御父母二柱を守護しまして、また蓬萊山の煙を目標として、天降りましましき。

一行の最初、着きませる島は、附島、それより行島、左に附地見島を見て、北海に浮び、休通島に立寄り、遥か佐渡島に至る。

次で大陸島に渡る。この地を越地という。西に歩きて野登、家賀を経て、分佐に至る。田場、田路場、稲場、針美等をさまよい、次で東に道をとり、三野に至るや、東にかすかに蓬萊山の現わるるあり。大御神を初め諸神、歓呼し給いき。次で三川野、住留家野を経て、蓬萊山の麓に着く。

一族多数の植民の好適の地を求め、蓬萊山の北麓の地域を発見し給う。この大原野には、水あり、火の燃ゆる所あり、湯の湧く所あり、草木大いに繁茂してその実もまた多し。すなわち、大御神は、大原野（おおはらの）の小高き丘に、天の御舎を造りて止りまし給う。これを穴宮の大御宮という。

蓬莱山のその形、世に類少なく二つなき山なるによりて、高砂之不二山と名づけ、また、その高き地に火の燃え、かつ日に向えるにより、一に日向高地火の峰と名づく。

その麓の青木多き所を青木ヶ原と名づく。

穴宮の所在の丘を阿田都山と名づく。

その大原野を高天原と名づく。

この地は、初めての都なるを以て、阿祖原または阿祖谷と名づけ給えり。

大御神は、蓬莱山に着きませるや、先に天降りませる、第五の御子、農立比古命の所在を求めさせ給う。されど、遂にその行方を知る能わざりしかば、日夜、お心を悩まし給い、精神悶々として、遂に気力衰えさせ給い、身例ならず、二柱の大御神、日並に神避りましぬ。共に阿田都山の陵に葬る。

これより先、農立比古命は、父神の依（よさ）し賜えし詔（みことの）りのままに、蓬莱山の煙を目標として、天降りましまし給う。されど、中途にて、その山を見失い、本島と南島との間の小島に天降りましまし給う。その島に止りましまし給う。その小島は、すなわち阿和路島なりき。

農立比古命は、父神の依し賜えし詔りを忘るることなく、蓬莱山を求めつつありしが、漸くその山を認め給い、一族の内より神々を選んで伴にし、蓬萊山に赴き給う。漸くにしてその山に達し給うや、図らずも、弟神、農佐比古命とめぐり会い給う。互に、喜び合いましき。弟神は、父神と共に命の後を追うて、天降りませる旨、また父母二柱の神避りませる旨を語り、倶に泣き悲しみ給いぬ。

農立比古命は、弟神に告(の)りたまわく「吾れ、西の小島に妻子、眷属をば、止まらせあれば、西に帰り、西国を治むべし、およそ国事は高天原に会して謀りまさむこと」を約しける。命は、弟神と議り、高天原阿祖谷より、四方を阿祖東・阿祖西・阿祖南・阿祖北の四つになむ分ちましぬる。

阿祖西・阿祖北は兄の命これを知食し、阿祖南・阿祖東は弟神これを知食し召すことに定めさせ給いき。故にこの国を一に四季島という。

また全国を分ちて十八州に定め給う。

すなわち佐賀見・大原・奥波を阿祖東とし、遠久見・伊志尾・木山・川津・大淡海・南島を阿祖南とし、飛太野・越地前・越地後を阿祖北となし、田場・稲場・針美・穴門・奥附地見・前附地見を阿祖西となし給いき。

命は、阿和路島に還幸の後、将(まさ)に皇居を北方に移して、以て、阿祖北・阿祖西を知食しめさむとし給う。たまたま越地に大賊起りぬ。すなわち一族眷属を従えて、田場の国真伊原の地に天の御舎を見立てて、これに移り給う。これを桑田の宮という。

それより阿祖北阿祖西を巡狩ましまして、諸々の荒振神を言向和平し給う。かつ農民神を、御国の大御宝神なりとし、身を以て農民の幸福を願いたまい、農民神を育成し給う。諸々の州皆よく富み、四海浪静かにぞ治まりける。

子孫一族五十八神、眷族一万二千百八十六神ありき。命、神避るや同国の田羽山の陵に葬る。国常立命と諡（おくりな）し奉る。神后、神佐加比女命は、天神より後れて神避り給いしが、夫神と同所の陵に葬る。国常比女命と諡す。

一皇子、皇女まします。皇子を阿和路比古命と称す。豊斟渟命これなり。皇女を白山比女命という。甥なる伊弉諾命に配して、伊弉冉命と称し奉る。

デカン高原＝高天原仮説を裏づける証拠、遺跡と古代碑文

『宮下文書』に以上のように記された第一代の国常立（農立比古）は、これまで高天原が日本にあったと考える伝承者や研究者によって富士山のあたりで活躍した神とみなされてきた。その根拠となっているのは、右の引用文に登場する高砂之不二山と青木ヶ原が静岡県の富士山と青木ヶ原にぴったり符号し、不二山へ至る途中にあるとされた三川や住留家が実際に三河（愛知県）や駿河（静岡県）と対応するように見える点である。

しかし、これはあくまで地名が似ているというだけの話であり、現実に富士山のふもとから高天

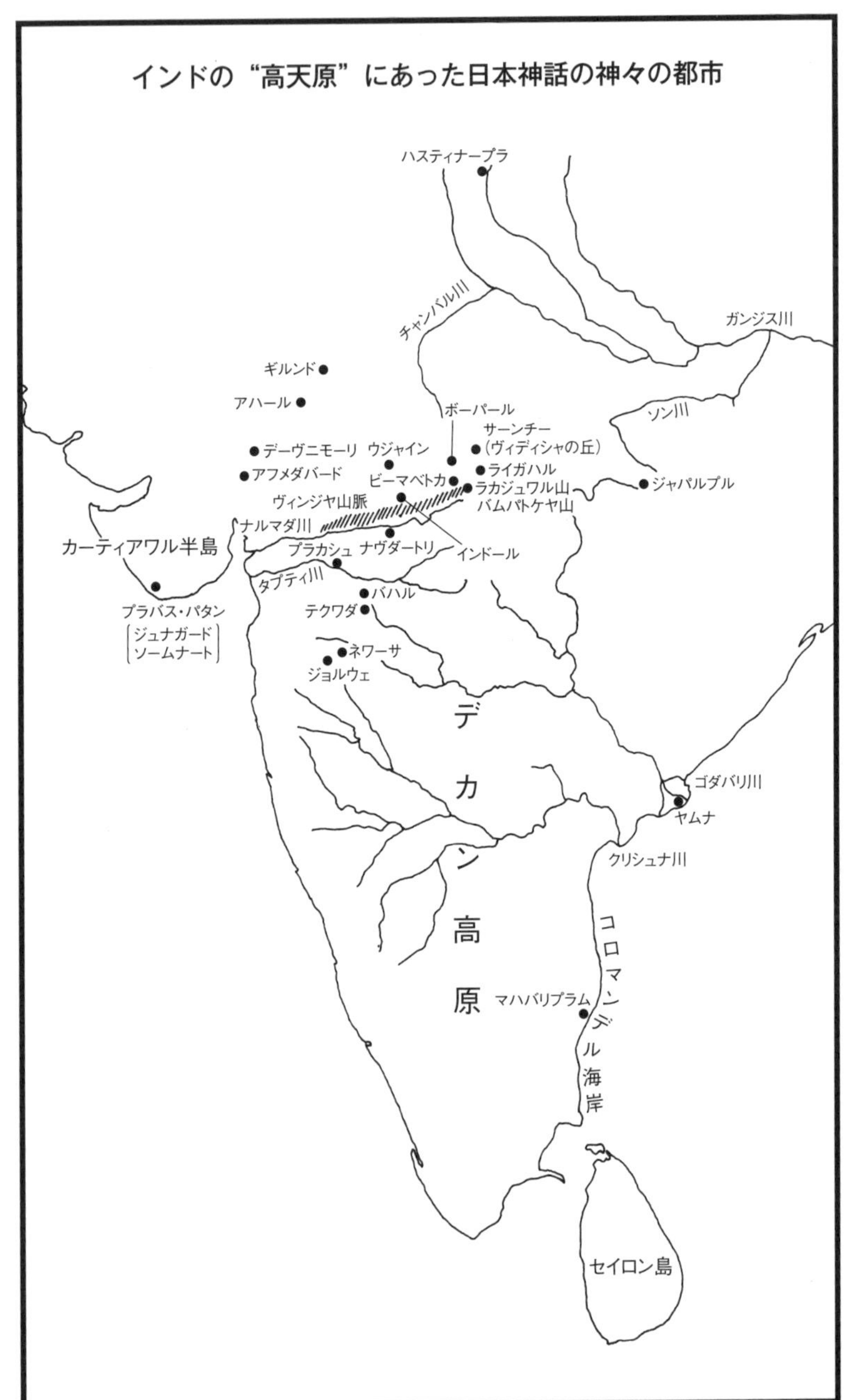
インドの“高天原”にあった日本神話の神々の都市
ハスティナープラ
チャンバル川
ガンジス川
ギルンド
アハール
ボーパール
ソン川
サーンチー
（ヴィディシャの丘）
デーヴニモーリ
ウジャイン
ライガハル
アフメダバード
ビーマベトカ
ラカジュワル山
ジャバルプル
ヴィンジヤ山脈
バムパトケヤ山
ナルマダ川
カーティアワル半島
プラカシュ
ナヴダートリ
インドール
タプティ川
バハル
テクワダ
プラバス・パタン
ジュナガード
ソームナート
ネワーサ
ジョルウェ
デカン高原
ゴダバリ川
ヤムナ
クリシュナ川
コロマンデル海岸
マハバリプラム
セイロン島

原王朝の都の跡や国常立の穴宮の御所跡が見つかっているわけではない。また、都があったという大原の丘、穴宮の位置する阿田都山が富士山のどのあたりにあったかを知る手がかりは一切残されておらず、富士王朝の都が見つかる可能性はほとんどない。

ところが、ここで高天原がインドのデカン高原にあったとみなせばどうか。農立比古（国常立）の都はデカン高原北部のヴィンジヤ山脈のあたりに実在した、ということが地名に対応する遺跡や日本人との関わりを示す文字資料をともなって具体的に確認できるのである。

前ページの図をごらんいただこう。読者は、問題の大原の都がデカン高原のどこにあったと考えるだろうか。

私には大原がマディヤ・プラデシュ州の首都ボーパールであることがただちにわかった。おそらく読者も同じように考えたと思うが、大原はボーパールがヴォーパル、ウォーハル、オーハラと変化したあと漢字化されたものだ。ボーパールは鵜濡渟の祖先の穂日が天から降ったところである。

国常立の都があった大原は『宮下文書』によれば阿田都山という小高い丘のあたりに広がる豊かな土地だったと記されているが、デカン高原のボーパールもまた古くから栄えた肥沃な土地で、ボーパール市の東方郊外にはサーンチーの仏塔がそびえるヴィディシャの丘がある。このヴィディシャ山がヴァダス山〜ヴァタツ山〜アタツ山と訛ったあと、阿田都という漢字がアタツに当てられたことはほぼまちがいない。

とすると、国常立が大原野の小高い丘に造ったという〝天の御舎（天御舎）〟は、ボーパール郊

サーンチーのストゥーパ第二塔の欄楯に彫られた動物の名は、トヨクニモジでユニコウンカムイと読める

外の沃野にゆるやかな高台をなして広がるヴィディシャの丘の上に建てられた有名なサーンチーのストゥーパ、紀元前六世紀の釈迦の時代以前からインドで造られていた円墳形式の記念塔を指しているにちがいない。なぜなら、ここで天御舎と書かれた建物は、天（ア）御（ミ）舎（スツ）と読めるが、アミスツの語順を入れ替えたスツアミは言語学的にみればストゥーパという音の変化形と考えられるからだ（Stūpa～stuupa～stuuma～stuamu～stuami～舎天御～天御舎）。

現在のインドでブッダガヤやルンビニーと並ぶ信仰上の聖地になっているサーンチー。このサーンチーにあるいくつものストゥーパが『古事記』や『日本書紀』、『宮下文書』に記された日本人の祖先神のひとり、国常立の神にゆかりのある〝天の御舎〟をモデルとして造られたという結論は、理屈の上ではともかくも、現実にはなかなか信じられないものである。

けれども、私はサーンチーのストゥーパをとりまく石の囲い（欄楯（らんじゅん））に彫られた未解読文字を調べている内に、これらの文字が日本のトヨクニモジと呼ばれる古代文字（三四ページの図参照）と同じものであることを発見して、我々の祖先がサーンチーのストゥーパ（天御舎）を造ったことはまちがいないと思うようになった。前ページの写真とそこに刻まれた古代文字を見ていただけば、サーンチーにストゥーパを建てた国常立のカムイ（神）が、ギリシア神話にも登場する伝説の一角獣、つまり額にツノがはえた聖獣ユニコーンを石に彫らせて、旅の幸運を感謝する記念碑としたことが読みとれるのではないだろうか。

アナグラムで解けた！　伝説の蓬莱山の位置

『宮下文書』は、国常立の一行が故国をあとにして高天原にやってきたとき、蓬莱山の煙を目標として天降（くだ）ったと記している。

そのときの船がどのようなものであったか、『宮下文書』には具体的なことがひとつも書かれていない。けれども、それはおそらく日本のアイヌの叙事詩ユーカラに登場するコタンカラ神（国造りの神）のカムイ・チセ（神の家・天の御舎）と同じ円盤（円墳）の形をした天空船だったろう。

このことは、国常立（クントコリフ）とその息子の豊雲野（ポウンヌ）がアイヌ神話のコタンカラとその息子ポニウネのアナグラムであることからわかる（第7章参照）。

しかし、彼らが目標とした蓬莱山はデカン高原のどこにあったのか。

彼らの降臨地となった蓬莱山は、『宮下文書』によれば、「その形、世に類少なく二つなき山」だったので「高砂之不二山」と名づけられ、「その高き地に火の燃え、かつ日に向える」山ということで「日向高地火の峰」と名づけられたというが、具体的にどの場所かはっきりさせることができるだろうか。

この問題を解く手がかりは、さきに引用した文の中で大原野が「蓬萊山の北麓の地域」にあったと記されている箇所にある。

そこでもしも、大原野はデカン高原北部の古都ボーパールの周囲に広がる肥沃な平野を指しているという私の見方がまちがっていなければ、読者もまた、一一六ページの遺跡地図を見さえすれば、ボーパールの南にあるどの山が蓬萊山か、どの峰が日向高地火か、どこに高砂之不二山や青木原、阿祖谷があったかを見つけられるはずだ。

というわけで、ボーパールの南の地域にさっそく注目してみると、ここにはヴィンジヤ山脈という高く険しい山々が横たわっている。ヴィンジヤ山脈の南を流れるナルマダ川の谷はボーパールの東のジャバルプルでいったん途切れたあと、ガンジス川支流のソン川の谷につながる。この谷に沿って開かれた道路は古くからデカン高原を横切る東西貿易のルートとして使われてきた。

そのような古代インドの通商路の北にそびえるヴィンジヤ山脈や、ナルマダ川を渡ってこの山脈を横切り、インドール、ウジャインへと北上したあと東の首都ボーパールに達する古代のルートがナルマダ川南岸のナヴダートリから始まっていることを考慮すると、問題の蓬萊山や日向高地火、高砂之不二山、青木原は、ナヴダートリとボーパール、ないしはサーンチーを結んだ線上の周辺にあることが予想される。

おそらく、察しのよい読者ならすでに気づかれたとおり、今みたヴィンジヤ山脈のヴィンジヤは、ヴィンジヤ〜ヴァソヤ〜アソヤと変化したあと阿祖谷と表記されるに至った原地名である。また、ナヴダートリとサーンチーを結ぶ線上にあるビマベトカ（ビーマーベトカ）が、ビマベトカ〜ヒムホチコ〜ヒムコチホという経過をたどって日向高地火という漢字で表わされたことも、比較的わかりやすかったのではないかと思う。ビマベトカの東方にあるライガハルが青木原の原地名であることは、わざわざライガハル〜アイカハル〜アオキハラと変化した過程を示さなくてもわかったにちがいない。

しかし、残る高砂之不二山と蓬萊山が、ビマベトカ地区をその中に含むバンパトケヤ山とこの山の隣にあるラカジュワル山にそれぞれ対応することは、一見しただけではわからない。次ページの写真を見ればわかるとおり、確かにこれらの山は「その形、世に類少なく二つなき山」と記されるくらい奇妙な形をした山で「高砂之不二山」にまちがいないのだが、高砂之不二山がバンパトケヤ山を指すのか、それともラカジュワル山を指すのか、うまく謎解きができなかった人もいるはずだ。

結論から先に言えば、高砂之不二山とはバンパトケヤ山のことであり、ラカジュワル山が蓬萊山そのものである。

その謎解きの経過を示すとこうなる。バンパトケヤ山はまずフノフタカヤ山に変わり、不（フ）之（ノ）二（フ）高（タカ）砂（ヤ）という漢字で表わされて不之二高砂山になった。そしてこの不之二高砂山の文字の配列が変わり、高砂之不二山となったのである。ヤの音に砂の字を当てるの

インドにあった蓬莱山（ラカジュワル山）を遠望する

はいささか乱暴だと思うが、古代の日本人が砂をシャの音だけではなくヤの音を表わすために使うこともあったと考えるしかない。

蓬莱山の方はどうかと言うと、これもまったく意地の悪い漢字の読み方を使っている。一般に蓬はホウと読み、ヨモギ草の意味があることは知られているが、莱はライと読むだけで、この漢字にアカザという薬草の意味があることは漢和辞典でも調べなければわからない。ところがここでは、蓬莱山をホウアカザ山と読ませてラカジュワル山の原地名に対応させている。つまり、ラカジュワルがアカジュハウ、アカザホウに変わったあとこれに莱蓬という漢字を当てはめ、それを倒置して蓬莱と表わした上で、わざわざ〝ほうらい山〟と読ませてきたわけだ。

ナヴダートリ王＝農立比古（のうだつひこ）とネワーサ王＝農佐比古（のうさひこ）

いずれにせよ、我々は長い間にいつのまにか蓬莱山は中国東方海上の日本列島にあった、蓬莱山は不二山とも書かれた駿河の富士山のことを指しているのだと信じこまされてきたが、以上の謎解きによって、少なくとも漢字が使われ始めた漢代以前の日本に蓬萊山はなかったこと、『宮下文書』に記された蓬萊山は日本の富士山のことではなく、インドのラカジュワル山であったことを突きとめたのである。

我々はこれから、漢字で書かれた中国や日本の古い記録に蓬萊山のような固有名詞が出てきたら、その場所は通説どおりなのか、よくよく考えなければならない。あるいは別の読み方をし、別の場所を指しているのではないか、同じ読み方をしてもふたつ以上の違った場所を表わすことがあったのではないか、と大いに疑ってみる必要がある。たとえば、秦の始皇帝が徐福に渡航を命じた蓬萊山は本当に日本にあったのか、彼が不老不死の薬を求めた崑崙は本当に今の中国の崑崙だったのか、崑崙は中国にあっただけでなくコーカサスにもあったのではないか、という具合に……。

ともかく、このような解読手法に従って、デカン高原の高天原を治めた第一代の国常立の居所を分析してみると、その場所は国常立の別名として伝えられた農立という名前から、ナルマダ川の南岸にあった古代インドの都市遺跡、ナヴダートリであったことがわかる。つまり、ナヴダートリがナウダトイ、ノウダトイ、ノウダツと訛ったものに農立という漢字が当てられたものと言える。

そしてこの農立＝ナヴダートリのあと高天原を治めた第二代の天神は、『宮下文書』によれば農立の弟の農佐ということになっているが、この農佐は、ナヴダートリの南西およそ三百五十キロメートル地点にあるもうひとつの古代都市ネワーサに由来し、ネワーサがノウサと訛ったあと、漢字で農佐と書き表わされたことが考えられる。

農立をナヴダートリの王とみなし、農佐をネワーサの王とみなす私の考えは、疑い深い読者であれば単に農立と農佐に近い音をもったインドの地名を私が勝手に選んでこじつけた結果だと思うかもしれない。けれども、ナヴダートリとネワーサのふたつの遺跡からは、日本の弥生時代に盛んに造られた隅丸方形の住居跡と同じものがいくつも共通して発見され、弥生時代の埋葬法を特徴づける合わせ口甕棺（かめかん）が出土したり、これまた日本の弥生式土器とよく似たジョルウェ土器と呼ばれる薄手の赤味がかった土器が大量に見つかっている。

このように特徴的な文化がナヴダートリとネワーサの両方で確認されていることは、ふたつの都市が全く無関係であったどころか、農立と農佐という日本人にきわめて関わりの深い兄弟神がそれぞれの土地にいたと考えなければうまく説明できないはずだ。

しかも、ジョルウェ土器文化はデカン高原の中部から北西部にかけて濃密に広がっており、私としては、このジョルウェ文化こそ、デカン高原の高天原を阿祖谷と呼ばれたヴィンジヤ山脈・ナルマダ河谷で北と南に分かって、兄弟で仲よく統治したと伝えられている農立比古（ナヴダートリ王）・農佐比古（ネワーサ王）時代の産物ではなかったかと考えている。

ジョルウェ土器が作られた時代にデカン高原一帯にどのような文化が起こったか、インドでは一九五〇年以来デカン大学のサンカリア教授を中心に精力的な発掘調査が行なわれ、いろいろなことがわかってきた。それは基本的に金属器と石器を併用した稲作農耕文化で、日本の弥生時代初期の文化と非常によく似ている。その住居は基本的に日本の弥生家屋と同じように隅丸方形の形をしており、外側は竹や木の皮をタテ、ヨコ、あるいはナナメに組んだ網代壁になっている。

インドの考古学者たちは、今のところジョルウェ文化の年代を具体的に紀元前のなん年頃からなん年頃までとハッキリつきとめていないが、大雑把に言えば釈迦が活躍した紀元前五〇〇年頃より二、三百年前まで遡るのではないかと考えている。また、この文化はデカン高原の北部を流れるガンジス川支流のチャンバル川とカーティアワル半島を結んだ線上にあるアハール遺跡のあたりから、南はクリシュナ川とゴダバリ川の流域、あるいはキストナ川上流のチャンドリ遺跡のあたりまで広がっていたことをジョルウェ＝ネワーサ土器の分布状態からつきとめている。

高天原世の文化はインドのジョルウェ＝ネワーサ文化だった⁉

しかし、インドの考古学者にとっては残念なことに、彼らはこの時代について書かれた記録をもっていない。というより、これまで誰も、日本の『宮下文書』にこの時代のインドのことが書かれているとは思わなかった。『宮下文書』がさきの引用文に続いて以下に述べていることは、実はこの時代の貴重な記録だったのである。

国狭槌命（農佐比古＝ネワーサ王）は、一代、国常立命（農立比古命＝ナヴダートリ王）

の弟神にましまます。兄と約して、専ら東州を治め給いしが、兄神の神避りましし後は、神后、白清竜比女命と共に、全国十八州を治め、南海島、西海島、阿和路島、附島、行島、休通島、佐渡島、江外島の八島を巡幸ましましき。

命は諸々の眷族に勅して、山岳、溪谷、河原等より石劔を拾い集めしめ、以て武器に用いましき。

また、黒石を火にて焼きとかし、鉄金を製し、これを鍛えて、剣または諸々の物を切る器具を作りましますことを創(はじ)め給う。

また、弓と矢を創(つく)り給う。

また、大竹、小竹等を以て籠を作り給う。

また、山岳、河原より、砂金銀を拾い集めしめ給い、国事に功を建てし神々に賞として与え給う。また、総て金銀は官庫に納めて、出納し、みだりに庶民の使用を禁じ給う。

また、刑法を定め、勅命に背く悪神、神々の所持品を盗む神、また承諾なくして使用する神には、死罪、手足の指を切り、もしくは耳を切り、鼻を殺(そ)ぎ、片目を抉(えぐ)るなどの刑を科すことに定め給う。

また、大小の木を伐りて、四方または縦、横の柱もしくは天上などを、藤にて結びつけ、外囲は、木の皮または大竹、小竹にて囲み、屋根は、木の皮、鳥の羽根または萱にて葺きて、住居となすことを創めましき。

前朝または前々朝より伝わりし、塩、酒の製法をよく改良し、また、農作の方法を改良し、広く世に拡めしめ給う。

命は子孫一族八十四人、眷族一万三千三百六十八人のとき、神避り給う。高天原の管原の陵に葬る。国狭槌命と諡し奉る。神后は三十五日後れて神避りましぬ。夫神と同所の陵に葬る。国狭毘女命と諡し奉る。

命は、日常、鶴と亀とを愛好し給い、かつ長寿にましませるにより、世に、この二柱を高砂の爺、嫗となむ称しぬる。

命は、皇子五神、皇女三神まします。第一の御子を泥土煮命、次を大戸道命、次を面足命、次を尾茂太留命、次を伊奘諾命という。

ここに記されている国狭槌（農佐比古）時代の金石併用文化は、明らかにジョルウェ＝ネワーサ土器とともにデカン高原の各地に広がった紀元前八世紀から紀元前七世紀のインド文化の特徴と一致している。

ジョルウェ＝ネワーサ文化を作りあげた人たちはデカン高原の各地に銅製の斧をはじめとする利器や大量の石の矢尻を残したが、このことは右の文中でも、農佐比古が諸々の眷族に命じて石で武器を作らせ、金属で利器を作らせ、「弓と矢」を初めて作らせたと述べられていて、ジョルウェ＝ネワーサ文化の内容と一致している。

ジョルウェ＝ネワーサ文化人が網代壁の家に住んだことはさきに紹介したとおりだが、『宮下文書』はこの点についても、「外囲は木の皮または大竹、小竹にて囲み……」、「大小の木を伐りて四方または縦、横の柱もしくは天上などを藤にて結び……」と述べている。

右の引用文は、ジョルウェやネワーサで赤地に黒の図柄をほどこした特徴的な土器（彩文赤色土器）がたくさん作られた点に触れていないが、「酒の製法をよく改良し」と書かれているところを見ると、この文化圏に属した人たちは、左の写真のような酒つぎ用の注口土器を大量に作ったにちがいない。

注ぎ口のついたジョルウェ出土の彩色土器

また、文中に、「農作の方法を改良し、広く世に拡めしめ給う」と記されていることは、インドの考古学者がこの時代の中頃から普及したと推定している稲作農業の技術改良について述べたものと解釈できる。

したがって、以上のように『宮下文書』に記された高天原世の文化がインド史上のジョルウェ＝ネワーサ文化に対応していることが確かであるところから判断するなら、紀元前八世紀から紀元前七世紀のインドの金石併用文化はすでに「鉄金」と記された鉄の技術をもち、刑法その他の法律を備えた国家を作りあげていたとみなすことができる。

今のところ、古代のインドにあった我々の高天原国家がどのような統治体制をとったかハッキリしないが、読者はこの時代に農立比古が制定した以下の十八州の位置を推理することによって、紀元前八世紀から紀元前七世紀の〝日本〟の実態をさらに詳しく知ることができると思う。

阿祖東：佐賀見
　　　　大原
　　　　奥波

阿祖北：飛太野
　　　　越地前
　　　　越地後

阿祖南：遠久見
　　　　伊志尾
　　　　木山
　　　　川津
　　　　大淡海
　　　　南島

阿祖西：田場
　　　　稲場
　　　　針美
　　　　穴門
　　　　奥附地見
　　　　前附地見

第5章

伝説の神々の楽園 〝デカンの天都(アメンプル)〟を求めて

テクワダ遷都のきっかけとなった〝越地〟からの侵入者

インドのデカン高原にあった高天原国家は、ナヴダートリ王（農立比古）の時代に最初の都をボーパール（大原）に置いていた。そしてこの王は、ボーパールを中心にヴィンジヤ山脈の北方（阿祖北）と西方（阿祖西）、デカン高原の北西部に進出し、都をボーパールからさらに北方へ移そうとした。このことは、『宮下文書』に「将に皇居を北方に移して、以て阿祖北・阿祖西を知食しめさんとし給う」と述べられている。

しかし、王の北方進出計画はハッティ（越地）からインドに南下してきた別の勢力によって阻まれ、王とその一族はヴィンジヤ山脈とナルマダ川の南にあるタプティ川の流域（田場国）に避難することになった。この時彼らがナルマダ川以北の失地回復をはかるためにもうけた拠点はゴマイ川流域（真伊原の地）のプラカシュにあり、タプティ川の支流ギルナ川のほとりにもうけられた第二の都はテクワダ（桑田）の宮と呼ばれた。同書が「たまたま越地に大賊起りぬ。すなわち一族眷族を従えて、田場の国の真伊原の地に天の御舎を見立てて、これに移り給う。これを桑田の宮という」と述べているとおりである（一三九ページの地図参照）。

その後ナヴダートリ王（農立比古）はヴィンジヤ山脈の北部と西部に遠征し、この地に北方から侵入した人々をおとなしくさせて農地開拓にあたらせた。農業を何よりも重視した王の政策の結果、デカン高原の各地は豊かになり、人々は平和に暮らすことができた。この点もまた、「それより阿祖北・阿祖西を巡狩ましまして、諸々の荒振神を言向和平し給う。かつ農民神を御国の大御宝神なりとし、身を以て農民の幸福を願いたまい、農民神を育成し給う。諸々の州皆よく富み、四海浪静かにぞ治まりける」と記されたとおりだったにちがいない。

ナヴダートリ王（農立比古）の死後、その弟のネワーサ王（農佐比古）が高天原国家の法律を整え、比較的長期にわたってデカン高原を平和的に治めたことは、さきの引用文にも述べられているとおりである。インドの考古学者はこの時代をジョルウェ文化、あるいはジョルウェ＝ネワーサ文化と呼んでいるが、それは正確に言えば、ナヴダートリ＝ネワーサ文化と言うべきだろう。なぜなら、デカン高原一帯に広がったこの時期の平和的な農耕文化は、日本の『宮下文書』に記された高天原世第一代の農立（ナヴダートリ）と第二代の農佐（ネワーサ）の協力によって生まれたからである。

インドの高天原は、農佐比古のあと、農立比古（国常立）の息子の阿和路比古（豊雲野）によって治められた。この阿和路比古について、『宮下文書』は次のように述べている。

> 豊斟渟命（豊雲野命）は諱を阿和路比古命といい、第一代、国常立命の御子にまします。白滝比女命を立てて神后となす。
> 命は阿和路島なる父大神の旧宮に止まりましまして、南州をしろしめ給う。

命は身体虚弱にましましましかば、早く神さりましぬ。阿和路の陵に葬る。豊斟渟命と諡し奉る。

この記事によれば、第三代の高天原王となった阿和路比古は病弱で、その統治期間も短かったようだ。この王がいた都のこともここには具体的に書かれていない。しかし、我々は、阿和路比古の都がボーパール（大原）の次に都となったテクワダ（桑田）のすぐそばにあるバハルにあったと考えることができる。

バハルはギルナ川をはさんでテクワダの対岸に位置するインドの金石併用期～初期歴史時代の遺跡だが、このバハルがヴァカル、アカロと訛ったものに漢字を当てはめると阿和路になる。バハルからテクワダと同じジョルウェ土器が出土したり、テクワダの土器に刻まれた文字と同じものが、バハルの土器に描かれていることも別の大きな理由である。

阿和路比古の父親のナヴダートリ王（農立比古）が北方からの侵入者に荒らされたボーパールを離れてテクワダに都を移した、ということが事実であるとすれば、阿和路比古もまたテクワダに移り住んだであろうし、彼の統治期間が短かったことは、その都がテクワダから遠く離れたところに新たに作られたものではないことを間接的に物語っている。阿和路比古の都がテクワダの対岸のバハルにあり、阿和路比古がバハル王だったことはほぼまちがいないのではなかろうか。

ウジャインはアヴァンティ国王・泥土煮(ウヒヂニ)の都だった！

高天原の第三代の天神となったバハル王（阿和路比古）が若くして亡くなったあと、第四代の王となったのはウジャイニー王（泥土煮命）だった。

ウジャイニー王は『古事記』によれば高天原第八代の神（宇比地邇）であり、その配偶者はサーンチー（須比智邇）の女神だった。しかし、『古事記』には（そして『日本書紀』にも）彼らの神名が載っているだけで、具体的な治績は何も記されていない。ところが、『宮下文書』には記紀に載っていないウジャイニー王の経歴が以下のように記されている。

泥土煮命は、諱(いみな)を日本比古命といい、国狭槌命の第一皇子にましまする。大原比女命を立てて神后となす。

命は東州を知ろしめし給う。性、手工に巧みにして陶器を善くし、また煮煎の法を善くして、これを諸神に教えましき。

神避りて、泥土煮命と諡(おくりな)し奉る。高天原の小宝山の陵に葬る。神后の諡(おくりな)は、沙土煮命といい、夫神と同所に葬る。

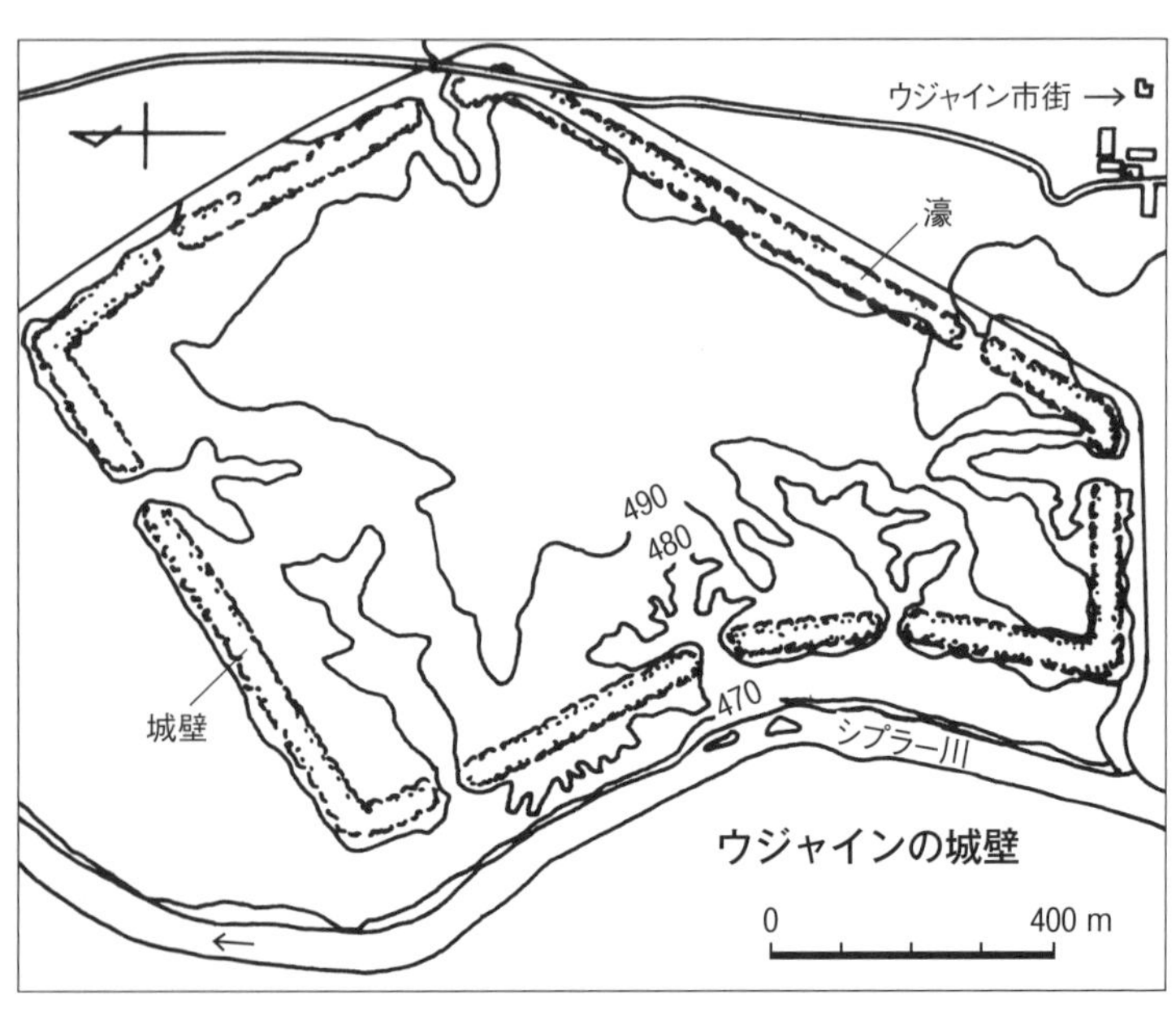

ウジャインの城壁

この文を読むと、ウジャイニー王は工芸の才に恵まれ、みずから陶器を改良工夫したばかりでなく、諸神にも工芸教育をほどこして盛んに手工業を育成したことがわかる。王の后はサーンチーの出身で、ボーパール姫（大原比女）と呼ばれ、死後はウジャイニー王とともに小宝山の陵に葬られた。

すでに読者は、ウジャイニーが紀元前六世紀から紀元前五世紀のインドにあったアヴァンティ国の首都ウジャインの古い呼び名であり、『新撰姓氏録』の鵜濡渟がのちにこの地の王になったことを知っている。ウジャイニーは『エリュトゥラー海案内記』によれば、紀元前四世紀頃からギリシャの人々に〝宝石貿易の中心地〟として知られていた。

しかし、『宮下文書』によればそのウジ

ャインの起源は紀元前六世紀から紀元前五世紀よりさらに古く、ウジャイニー王（泥土煮命）がここに都を定めた紀元前八世紀から紀元前七世紀まで遡ること、ウジャインがのちの時代に〝宝石貿易の中心地〟になったのは、〝日本比古〟と呼ばれたウジャイニー王がその基礎を作ったからだということまでわかるのである。

私はこれまで高天原国家がインドの歴史上どのような国名で呼ばれていたかわざと書かなかったが、ウジャインがアヴァンティ国の首都であるなら、ウジャインに都があったウジャイニー王の高天原国家はアヴァンティ国そのものだったと言える。

『宮下文書』はウジャイニー王とその后（きさき）が葬られたところは〝小宝の山〟だと記しているが、その〝小宝〟とは、前ページの地図を見てもらえばわかるとおり、ウジャイン城の西を流れるシプラー川のシプラーと対応している。シプラーはセホルー～セホウウ～セウホウと変化して、セウホウに小（セウ）宝（ホウ）の漢字が当てられている。ウジャイニー王夫妻が葬られた〝小宝の山〟がウジャインにあるということは、ウジャインを都とするアヴァンティが高天原国家の歴史的な名称のひとつであったことを物語っているのである。

〝月の王〟大戸之道（おほとのじ）の都、プラバス・パタン

デカン高原の〝宝石の都〟ウジャインの基礎を作ったウジャイニー王（泥土煮命）に続いてイン

ドを治めたのはジュナガード王だった。高天原国家第五代の王となったジュナガード（大戸之道）について、『宮下文書』は次のように記している。


大戸道命は、諱を農実比古命といい、国狭槌命の第二の皇子にまします。宇津比女命を立てて神后となす。

命は農作につき多くの諸神を督励し給う。


諡名は、大戸道命、神后は大戸比女命、共に高天原北裾野の陵に葬り奉る。

命に二皇子、二皇女まします。第一の御子を大己貴命といい、後に天照大神の神勅を受け、祖税の徴収の事を掌り給う。

第二の御子は、作田比古命といい総農作の頭となり、農作の事を掌り給う。

命の第一皇女は、武弥雄比女命といい、少名比古那命の妃となり、第二皇女は高照比女命といい、事代主命の妃となり給う。


ここに記された大戸道（『日本書紀』の大戸之道、『古事記』の意富斗能地）がインド西部のグジャラート州、カーティアワル半島の南端にあるジュナガードを指していることは、すでに前章のはじめの部分で明らかにしておいたとおりである。読者はその時、私の解読結果に多少の疑問と不安をもたれたはずだが、ここにはそのような疑問を打ち消してくれる記事が載っている。大戸之道

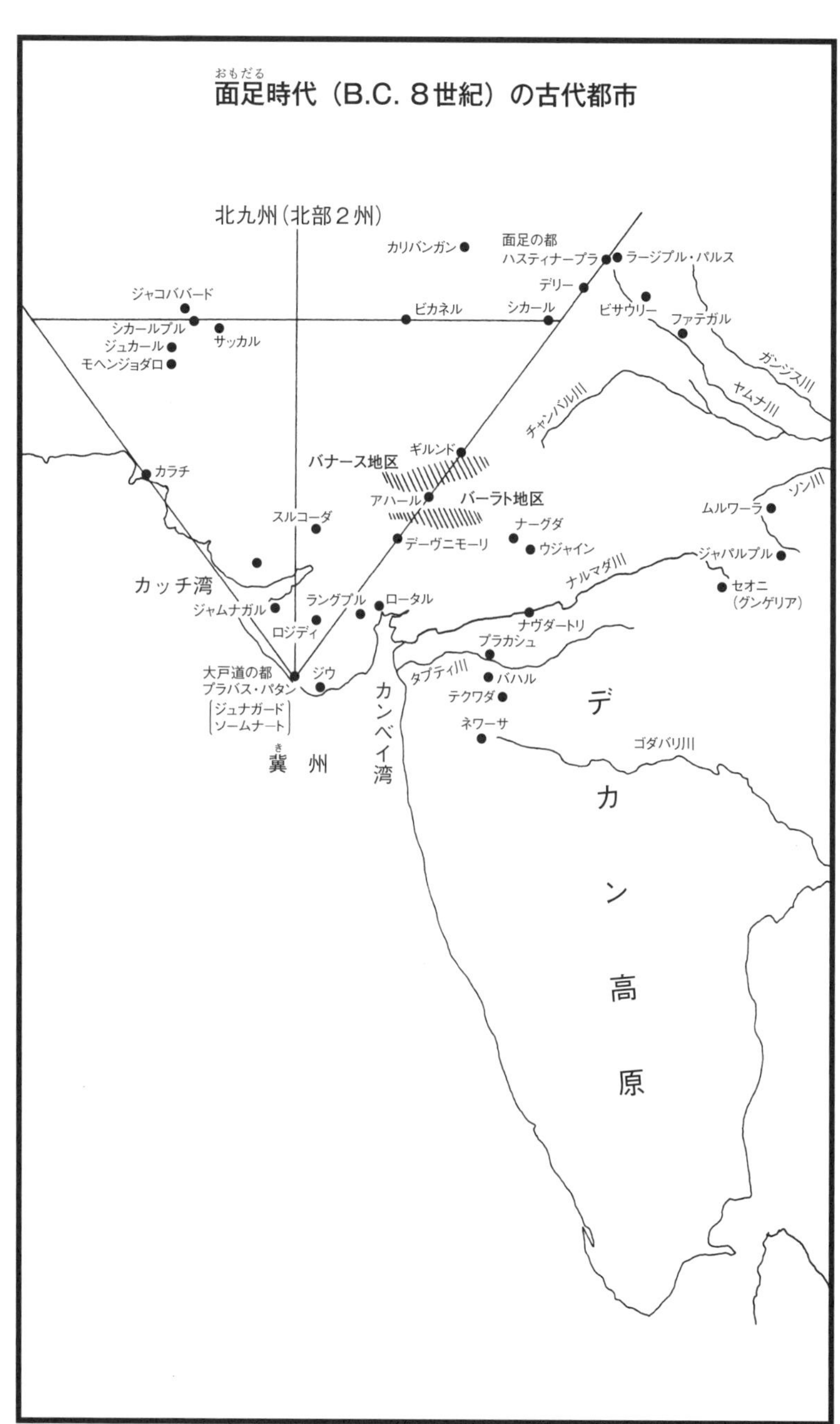

面足（おもだる）時代（B.C. 8世紀）の古代都市

（ジュナガード）の別名は農実、その后の名は宇津と書いてあるのがそれだ。

地図を開いてカーティアワル半島の町と古代遺跡に注目するとわかることだが、この半島の南端にはジウという町がある。ジウの西方にはインドの金石併用期から初期歴史時代にかけて栄えたソームナートという古代遺跡がある。ソームナート遺跡（別名プラバス・パタン）は、地元でジュナガードと呼ばれている地区の遺跡だ。

このような名前と位置関係を頭に入れて農実と宇津という名前を見直してみると、農実はソームナートに対応し、宇津はジウに対応することがわかる。つまり、農実をノウミジツと読めば、ノウミジツ〜ジミノウツ〜ソムナアトとなってソームナートにつながり、宇津のウツという読み方を倒置してツウと読めば、ツウ〜チウ〜ヂウとなってジウとつながってくるのである。

以上のように複数の神名と地名が対応すると同時に、人物相互の近さ（夫婦）が地域相互の近さ（隣接地区）となって対応していること、しかも遺跡の年代と内容（金石併用期）が高天原時代の記事に即していることは、大戸之道をジュナガードとみなした私の考えが決して的はずれではないことを保証してくれる。

現地の人の話によれば〝月の王〟を意味するソームナート王（農実比古）にはふたりの息子とふたりの娘がいた。長男は大己貴、次男は作田、長女は武弥雄、次女は高照姫といった。そして武弥雄は少名と結婚し、高照は事代主と結婚した。そこでこのような記事に基づき、ソームナート王がデカン高原のウジャインからカーティアワル半島のジュナガードに都を移した背景を探ってみると、非常におもしろいことが次々にわかってくる。

まず、長男の大己貴についてみると、王はジュナガードへ移る前に、この息子をウジャインの北西およそ六十キロメートル地点にあるナーグダに派遣して、この地に大規模な租税徴収倉庫を造らせたらしく、ナーグダからは日干煉瓦製の巨大な建築址が見つかっている。

ナーグダがナグダア～ナキタイに変わってこれに己（ナ）貴（キ）大（タイ）の字を当てたとみられる大己貴（おほなむち）は、さきの文によれば「租税の徴収」をつかさどったということだが、このナーグダ遺跡から、カーティアワル半島基部のラングプル遺跡の出土品と同じ鹿やクジャクなどの動物文を描いた土器が見つかっていることは、カーティアワル半島に交易拠点を移した農実比古と息子の大己貴の結びつきを反映しているように思われる。

次に、次男の作田についてみると、王はこの息子をカーティアワル半島へ連れていったが、同じカーティアワル半島でもラングプルの町があるカンベイ湾方面にではなく、その反対側のカッチ湾方面に派遣して農地開拓にあたらせたとみえ、カッチ湾の奥地に広がる低湿地帯の要所には方形の壁をめぐらせたスルコターダの遺跡が見つかっている。

スルコターダがスコルターダ～ツクルタダに変わって作（ツクル）田（タダ）の字が当てはめられたとみられる作田比古（さくたひこ）は、『宮下文書』の中で「総農作の頭」と記されているが、これは彼がカッチ地区に派遣されて低湿地帯の開拓にあたり、この地を当時の稲作先進地帯に変えたことを物語っているにちがいない。スルコターダの立派な遺跡はカッチでとれた米を管理するために造られた倉庫の跡ではなかったろうか。

　高天原国家の第五代の王となったソームナート（農実）がウジャインからジュナガードに都を移したのは、右のような作田比古のカッチ開拓を前提として考えれば、ひとつにはデカン高原よりはるかに大きな収穫が見込めるカーティアワル半島の低湿地帯を確保するためだったとみられる。また、これと同時にインダス文明の遺産としてこの時代までカーティアワル半島のつけねに残されていたロータルのような国際港を確保し、メソポタミアやイランといった西方地域との交流を深める狙いもあったろう。

インドからメソポタミアに至る海陸のルートを支配した高天原国家

　このような見方に立ってソームナート王のふたりの娘の嫁ぎ先を調べてみると、この王はカーティアワル半島に進出して西方貿易の拠点を確保するため、下の娘の高照を事代に嫁がせ、デカン高原の通商ルートをさらに東方のガンジス河口にまで拡大する目的をもって、上の娘の武弥雄を少名に嫁がせたことが考えられる。

　ここで読者は少名をスクナと読み、事代をコトシロと読んだかもしれないが、これらをセウナ、ジシロと読めばどうか。セウナはガンジス川支流のソン川からナルマダ川へ向かう途中にある交通の要衝、ジャバルプルの南に位置するセオニ（大量の銅製品と銀の装飾板が見つかったグンゲリア遺跡）に対応し、ジシロはカーティアワル半島の要衝ラージコトの南にあった古代都市ロジディと、ディジロ〜ディシロ〜ジシロの変化で対応している。

少名に嫁いだ武弥雄比女の名前、武弥雄（ムオワルオ）がムオワルオ〜ムルワオオ〜ムルワアアと転じてジャバルプルの北にあるムルワーラの町と関係をもち、ムルワーラがジャバルプルの南にあるセオニと古代の街道でまっすぐ結びついていることは、ソームナート王が娘をセオニの支配者と結婚させたことを物語っている。

また、事代と結婚した高照は、高照をコウテラスと読めばコウテラス〜コスウラテ〜クシアラトとなってカーティアワル半島のあるグジャラート州の州名と結びつくし、カウシャフと読めば、ラージコトの西にあるカッチ湾の港町ジャムナガル（〜シャフナカウ〜カウナシャフ）と結びつく。ロジディからソームナートの都ジュナガードで作られた波状の断面をもつプラバス土器が大量に出土することは、ロジディ（事代）とソームナート（農実）の密接なつながりを示しており、プラバス・パタンのソームナート王がインダス文明を受け継いだカーティアワル半島の支配者ロジディに娘のグジャラート姫を嫁がせたことを意味しているのである。

その昔プラバスと呼ばれたジュナガード（大戸之道）に都を置いてインドからメソポタミアに至る陸のルート、ベンガル湾からペルシア湾に至る海のルートを支配したとみられるソームナート王（農実比古）は、さきの記録によれば、〝大戸〟比女と呼ばれたジウ王妃（宇津比女）とともに〝北裾野〟の陵に葬られた。

ここでソームナート王の王妃が〝大戸〟と書かれているのは、〝月の王〟を意味するソームナートがヒンズー教三大神のひとつ、シヴァ神の別名であることに気がつけば、シヴァの神妃デーヴィーの音に大（デー）戸（ヴィー）という漢字を当てはめたものであることがわかる。

そして、みずからをシヴァ神とシヴァ神妃デーヴィーの生まれ変わりと考えたソームナート王夫妻が葬られた〝北裾野〟は、北裾をキタオゴルと読めば、キタオゴル～カチアガル～カチアハルとなってカーティアワルにつながり、カーティアワル半島のどこか、ジュナガードの王城を見おろす小高い丘のあたりを指しているのではないかと見当づけられる。

今のところ、インドの考古学者は、カーティアワル半島のジュナガード地区にウジャイン級の大規模な都城の跡があったことや、ウジャインに匹敵する富を誇ったアヴァンティ王（高天原王）の王陵があったことを確認してはいないが、ジュナガードにある古い寺院の廃墟の下に、さらに古い都城の遺構が眠っている可能性は否定できないのである（第7章参照）。

インドの埋蔵銅器文化遺跡と一致する面足（おもだる）時代の古代都市群

のちの時代にギリシャの船乗りにもその繁栄ぶりが知れわたっていたインドのアヴァンティ（高天原国家）は、ジュナガード（大戸之道）とも呼ばれたソームナート王（農実比古）のあと、面足（おもだるのみこと）命にひき継がれた。

第六代の高天原王となった面足は、第四代のウジャイニー王や第五代のソームナート王の弟で、次に王位を継いだ伊弉諾の兄にあたる。ともに第二代の高天原王をつとめたネワーサ王の息子だが、この面足について、『宮下文書』は次のように記している。

面足命は、諱を穂千田比古命といい、国狭槌命の第三子にまします。神后は、千早比女命。

命は北九州をしろしめし給う。

命は製刀の法を案出して、諸神を教え給う。

命の諡名は面足命、神后は、大斗野辺命という。共に、北越の国の陵に葬る。

第一の御子を倉平顔比古命という。後に天照大神の神勅を受け、わらを編みて俵を製し、穀物を貯蔵することを始め給う。

第二の御子を金子甘美金希代命といい、また神勅により、剣、鉾の製法を掌り給う。

もはや読者は、ここに面足命が「北九州をしろしめし給う」と書いてあっても、その「北九州」が現在の日本の北九州を指しているとは思わないだろう。また、面足命夫妻が「北越」の国の墓に葬られたと書いてあっても、その「北越」が越前（福井）や越後（新潟）と呼ばれる日本の北陸地方にあったとは思わないだろう。

ここで「北九州」と言われているのは、インドの北部を指している。もっと具体的に言えば、高天原の都があったデカン高原を世界の中心（冀州）と考え、その周囲の地域を八つの州に分けた時の北部二州を指している。前代の都があったカーティアワル半島のジュナガードに中心があったとすれば、大雑把にみて、ジュナガードとデリーを結んだ線の西側と、ジュナガードとカラチを結んだ線の東側が重なり合ったインド北西部・パキスタン方面を意味しているのである。

そのように考えて、面足に関わりのある大斗野辺や倉平顔、金子甘美金希代といった奇妙な名前を分析してみると、大斗野辺はジュナガードの北東にあるデーヴニモーリであり、倉平顔はデリーの西にあるカリバンガンであること、金子甘美金希代はデリー南西のシカールとその西にあるビカネル、さらにその西にあるジャコババード、シカールプルに対応していることがわかる。以下に解読の要点を記してみよう。

まず、大斗野辺がデーヴニモーリに対応することは、すでに前章のはじめの部分で述べておいたので問題ないと思う。大斗野辺は『古事記』に大斗乃辨と書かれ、『日本書紀』に大苫辺と書かれた女性で、記紀では大戸之道の妻だったが、ここでは面足の妻となっている。大斗野辺が大戸之道の妻でありながら面足の妻になったことはちょっと問題だが、大斗野辺をダイモリノべと読めば、ダイモリノベ～ダイベノモリ～デイブニモリの変化でデーヴニモーリと対応することに異論はないはずだ（斗＝杜＝モリ／斗＝マスモリ）。

次の倉平顔がカリバンガンに対応することは、倉平顔をクラピンガンと読むことで解決する。インド西部ラージャスターン州の最北部にあるカリバンガンはインダス文明期以来の城塞都市で、市街地の西にある砦の内部からは、穀物貯蔵庫の跡とみられる煉瓦造りの立派な基壇が見つかっている。倉平顔比古は、『宮下文書』によれば、「わらを編みて俵を製し、穀物を貯蔵することを始め給う」と記された人物だが、インド政府考古局の調査結果も、カリバンガンの支配者が立派な穀物貯蔵庫をもっていたことを裏づけている。

面足の第二の息子と記された「金子甘美金希代」の場合、他にはこれほど長い名前が見当たらないので、いくつかの名前がひとつになったものと考えられる。しかも、この息子は「剣、鉾の製法」を管理したと記されているので、さきの〝北九州〟の範囲内にあって古くから金属器が使われていた土地と結びついていることが考えられる。

そこで一四八ページのインドの〝埋蔵銅器〟発見地点の内、〝北九州〟に相当するインド北西部・パキスタン地域の遺跡とその周辺地名に注目してみると、モヘンジョ・ダロの北東にシカールプルとジャコババードの町がある。シカールプルは「シカールの町」、ジャコババードは「ジャコバの町」という意味である。

ジャコバとシカールをまとめてジャコバシカールと音を連ね、その音を入れ替えてコジャバカシールと発音してみると、コジャバカシールはどことなく金子甘美金希代に似ている。金子甘はコンシアマと読めばコジャバとつながるし、希代はキシロと読めばカシールとつながる。しかし、美金に対応する地名がここには欠けている。

というわけで、もう一度ジャコババードとシカールプルの周辺地名を調べてみると、ジャコババ

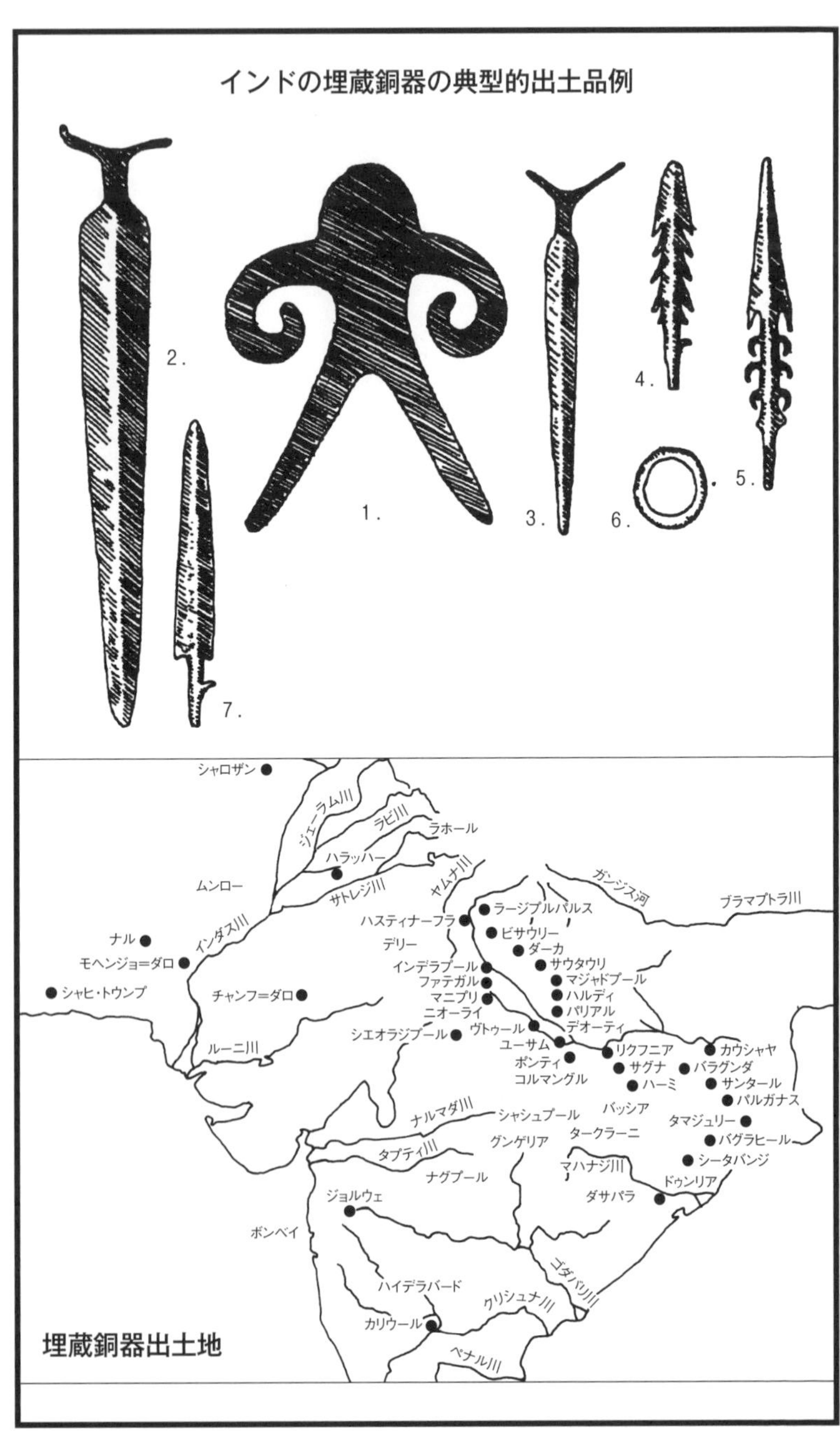
インドの埋蔵銅器の典型的出土品例
1.
2.
3.
4.
5.
6.
7.
シャロザン
ジェーラム川
ラビ川
ラホール
ハラッパー
ムンロー
サトレジ川
ヤムナ川
ガンジス河
ブラマプトラ川
ラージプルパルス
ハスティナーフラ
ビサウリー
デリー
ダーカ
ナル
インダス川
モヘンジョ=ダロ
インデラプール
サウタウリ
ファテガル
マジャドプール
シャヒ・トウンプ
チャンフ=ダロ
マニプリ
ハルディ
ニオーライ
パリアル
ヴトゥール
デオーティ
シエオラジプール
ユーサム
カウシャヤ
ルーニ川
リクフニア
ポンティ
サグナ
バラグンダ
コルマングル
ハーミ
サンタール
パルガナス
ナルマダ川
シャシュプール
バッシア
タマジュリー
タークラーニ
タプティ川
グンゲリア
バグラヒール
マハナジ川
シータバンジ
ナグプール
ドゥンリア
ジョルウェ
ダサパラ
ボンベイ
ゴダバリ川
ハイデラバード
クリシュナ川
カリウール
ペナル川
埋蔵銅器出土地

ードの東にビカネルという町があり、シカールプルの東にその名も同じシカールという町がもうひとつある、ということがわかってきた。そして、ふたつのシカールの町とビカネルの町が東西線上にほぼ一直線に並んでいるのは偶然ではないから、美金はビカネルを漢字化したものだと合点がいく。

要するに、面足の息子の「金子甘美金希代」は、モヘンジョ・ダロの北東にあるシカール（希代）の町とデリーの南西にあるシカールを結んだ東西線上に並ぶジャコバ（金子甘）、ビカネル（美金）、シカール（希代）の町々を建設した鍛冶師たちに由来する名前を複合的に表現したものだったのである。

インドの考古学者は、さきの地図に示されたデリー北東のハスティナープラ（叙事詩『マハーバーラタ』の舞台となった古都）やラージプル・パルス、デリー東方のビサウリー、南東のファテガルなどから出土した銅器をモヘンジョ・ダロ周辺のそれと比較した結果、これらの銅器はインダス地域にその原型が求められること、ガンジス・ヤムナの両河地帯から出土したいわゆる〝埋蔵銅器〟はインダス川流域の人々が東方へ移動することによってもたらされたものだということをすでに明らかにしている（B・B・ラル、Y・D・シャルマ他）。

彼らはインダス地域の人々が、いつ、どのような指導者に導かれて、どの地点からどの地点へ移動したかを具体的に明らかにしてはいないが、『宮下文書』に記された「金子甘美金希代」という名前を分析すると、この人々は面足命の時代（紀元前八世紀）に、ジャコバやビカネル、シカールといった指導者に導かれてモヘンジョ・ダロの北にあるジュカール遺跡やシカールプル、サッカル、ジャコババードの町を建設し、その後、東方へ移動してビカネルの町やシカールの町を新たに建設していったことがわかるのである。

面足命(おもだるのみこと)＝穂千田比古の都はハスティナープラだった！

しかし、厳密に言えば、彼らの足跡はデリー南西のシカールまでたどることはできても、その先はわからない。これだけでは、ガンジス・ヤムナ両河地帯の〝埋蔵銅器〟をただちに彼らと結びつけることはできない。ジャコバ（金子甘）やビカネル（美金）、シカール（希代）らは確かに「剣、鉾の製法」をシカールの町まで伝えたかもしれないが、ガンジス川とヤムナ川の流域に〝埋蔵銅器〟を広めたのは彼らではなかったことも考えられる。

そこで『宮下文書』をもう一度よく読んでみると、面足の時代に金工に携わったのは彼らだけではなく、面足みずからも「製刀の法を案出して、諸神に教え給う」と書いてあるのだ。ひょっとしたら、ガンジス川とその支流一帯に〝埋蔵銅器〟を広めたのは面足ではなかったろうか。こう考えて、面足という名前や穂千田という別名の意味を探ってみると、実に意外なことが新たにわかってきた。

それまで私は面足という名前を『古事記』や『日本書紀』の注釈者に従ってオモダル、オモタルと読んできたが、これをそのままメンアシと読めば、さきのジュナガードとデリーを結んだ東北線上に、メンアシとつながる土地がまぎれもなく実在する。

その土地はバナースといって、ラージャスターン州南部を流れるチャンバル川（ガンジス川支流）の上流地帯にある。バナースにはアハールやギルンドなどの先史遺跡があり、アハールでは大規模な基壇を備えた建物跡や直径約一メートルの竪穴をもつ住居跡から大量の銅器と特徴的な土器（上半部が黒い光沢を放つ赤色の土器＝赤色黒縁土器）が見つかっている。このバナースがバヌアス～マヌアス～メヌアシ～メンアシと変化したものに漢字を当てはめたのが面足ではなかったか。

そのように考えて、地図上でバナース文化を代表するアハールとギルンド遺跡の位置をさらに詳しく確かめてみると、なんと、これらふたつの遺跡がジュナガードとデリーを結ぶ線上に並ぶだけではない。デリーのさらに北東百キロメートルのところにあるガンジス文明の古都、ハスティナープラもこの線上にあるし、面足の妃の大斗野辺に関係のあるデーヴニモーリの遺跡もこの線上にある。

しかもラルやサンカリアをはじめとするインドの考古学者は、シャカ以前の時代に中部インドから北インドへ、そしてインド亜大陸全土に広がった赤色黒縁土器が最初に生まれたのは、ジュナガードやデーヴニモーリを含むグジャラート州か、アハール、ギルンド遺跡があるバナース地区であったことを明らかにしているのだ。

これに関連して、さきほどの〝埋蔵銅器〟図の中で読者に最も印象深かったと思われる〝大の字形銅器〟と同じものが、カーティアワル半島のつけねにあるインダス文明末期の国際港、ロータルの遺跡から出土していることは、右の赤色黒縁土器がグジャラートからバナースを経てガンジス河流域に広がったのと同時に、いわゆる〝埋蔵銅器〟も北インドの各地に広まったことをまちがいなく意味している。これだけの材料がそろえば、面足がバナースの王であったことは疑いようもない。

が、それでは、面足の別名の穂千田は何を意味しているのだろうか。

すでに察しのいい方は、この穂千田がガンジス文明の都だったハスティナープラと何か関係があるのではないか、と思われたろう。ハスティナープラは、先ほども述べたとおり、第五代の高天原王ソームナートの都があったジュナガードと、第六代の高天原王バナースの后だったデーヴニモーリの町、そしてアハールやギルンドの工房をみずからとりしきったバナース王の町々を結んだ線の延長上にある。ハスティナープラのプラはプルの変化形で〝都市〟を表わす名詞語尾だから、ハスティナープラとは〝ハスティナの都〟を意味している。ということは、ハスティナと穂千田が対応していることを意味していないか。

最初の内、私は穂千田が何を意味しているかわからず、これをホチダと読んで、ビカネル（美金）の町の南にあるジョドプルに対応しているかもしれないと考えた。ジョドプルのジョドＪＯＤＨは、ＨＯＪＤと倒置するとホジダになるから、穂千田とうまく符合すると思い込んだ。

しかし、これは単なる語呂合わせでしかない。実際にジョドプルからは、紀元前数百年前に遡る古い遺跡は見つかっていないし、仮に見つかる可能性があるとしても、今のところ、位置関係その他から穂千田がジョドプルであることを間接的に裏づけるものは何もない。しかもジョドプルが大インド砂漠のただ中にあることは、古代の都の位置として決定的に不利である。

というわけで、私は穂千田の解読をしばらくあきらめていたのだが、面足がバナースを指しているとわかった途端に、穂千田もまたハスティナと対応していることがわかった。

なんということはない。穂千田をホチダと読むからわからなかっただけのことである。これをホセンタと読めば、ホセンタがハスティナの音を入れ替えた言葉であることは誰にもわかる。穂千田は、ハスティナがハスチナ～ホセタヌ～ホセヌタと変化したものに、穂（ホ）千（セヌ）田（タ）という漢字を当てはめて作られた名前だったのだ。

すなわち第六代の高天原王バナース（面足）は、またの名をハスティナ（穂千田）といった。彼はチャンバル川の上流のバナース川流域に産する銅をアハールやギルンドの工房で加工して大量の武器に作りかえ、これをガンジス川流域に持ち込んでハスティナープラの大王になった。ハスティナープラとは、日本神話に登場する面足命の都、穂千田（ハスティナ）に由来する都だったのである。

第6章

『マハーバーラタ』の英雄は日本の神々だった！

叙事詩の英雄と対応する高天原の神々

これまで我々は、ハスティナープラと言えば、インドの叙事詩『マハーバーラタ』（大バーラタ戦争に関する歴史的な物語）に登場するクル族の英雄たち、パーンダヴァ陣営のユディシュティラやアルジュナ、カウラヴァ陣営のヴィカルナやドゥリヨーダナらが少年時代を過ごしたドリタラーシュトラ王の都だと思っていた。

しかし、ここでハスティナープラが日本神話の高天原世第六代の神である面足（おもだる）の都だったことを認めるなら、ハスティナープラで育ったクル族の英雄たちは、『古事記』や『日本書紀』、『宮下文書』に登場する高天原の神々だったことになる。はたして、そんなバカなことがあるだろうか。

『マハーバーラタ』は、インドのクル族がパーンドゥの五人の息子たち（パーンダヴァ）とドリタラーシュトラの百人の息子たち（カウラヴァ）の時代に、ドラウパディー、あるいはクリシュナーと呼ばれる絶世の美女をどちらの陣営が王妃とするかで対立を深め、ついにはクル族同士がすさまじい絶滅戦を起こしたことを記した戦争叙事詩だが、そこに登場する王や王妃、王子たちが日本神話の高天原の神々だった、などと大それたことを言っていいものだろうか。

結論から先に言えば、それでいいのである。詳しい内容は別の機会にゆずるとして、ここで簡単に両者の対応関係を紹介しておくと、おおよそ次のようになる。

まず第一に、『宮下文書』では国狭槌と白清竜比女との間に五人の息子がいたことになっている。これは、『マハーバーラタ』にパーンドゥとプリター姫の息子が五人いたと記されていることと一致する。

パーンドゥは、狭槌の狭をセバムと読み、槌をツイと読んだ時、セバムツイの変化形（バムスツイ〜バムツゥ・母音にはさまれたS音は脱落する傾向があることが言語学的に証明されている〜パムドゥ〜パーンドゥ）として理解できるし、プリターは、白清竜をハクセイロウと読んだ時、ハクセイロウの変化形（ハセロウ〜ハロセウ〜パロテウ〜プリター）ととらえることができる。

国狭槌と白清竜の息子の泥土煮（ウヒジニ）は、ウヒジニ〜アフジナ〜アウジュナとなって、パーンドゥとプリターの息子のアルジュナと対応するし、別の息子の大戸之道は、これをオホドシトウと読めば、オホドシトウ〜イフデシテア〜ユディシュティアとなって、別の息子のユディシュティラと対応する。

その他の三人の息子も、インドと日本に伝わるいくつかの伝承を分析すると、本来はそれぞれ対応していたことがわかる。

次に、『宮下文書』では国狭槌の兄の国常立と神佐加比女の間に阿和路比古が生まれたことになっている。これは、『マハーバーラタ』でも、パーンドゥの兄のドリタラーシュトラとガーンダーリー姫の間にヴィカルナが生まれたと記されていることと対応する。

ドリタラーシュトラは、国常立の国をエジプト風にタア（エジプト語ta＝国土）と読み、常立をジャウタツと読んだ時、タアジャジャウタツの変化形（タアドイアウタツ〜タアドイアアトツ〜ドイタアアツトア〜ドイタアアシュトア）と見ることができるし、ガーンダーリーは神佐加の変化形（カムイサカ〜カムイタハ〜カムタハイ〜ガムダハイ〜ガーンダハイー）、ヴィカルナは阿和路の変化形（ノキワロ〜ワキロノ〜ウィカルナ）と解することができる。

いろいろな日本名をもつ美神クリシュナー

第三に、『マハーバーラタ』では、ドリタラーシュトラとガーンダーリーの息子の中にドゥリヨーダナという王子がいて、ヴィカルナやその他の息子の誰よりも活躍する。そのドゥリヨーダナに対応する人物が、『宮下文書』の中では、国常立の養子となった国狭槌の息子の尾茂太留として登場するのだ。

尾茂太留は、『古事記』に於母陀流と記された神だが、於母陀流はオボダルと読めば、ダのdがgに変わったあとnに変化して、オボナルとなる。そしてオボナルはルオボナ〜ラアバナ〜ラーヴァナとなり、ドゥリヨーダナの別名であるラーヴァナとぴったり一致する。

ここで於母陀流の母の字は毋の字とまぎらわしいので、於母陀流であった可能性を考え、於毋陀流の文字の配置を陀流於毋と変えて、陀（ダ）流（リュウ）於（オヒテ）毋（ナ）と読めば、ダリュウオヒテナは、ダウリュウオテヒナ〜ドゥリヨオドハナとなって、ドゥリヨーダナと同一人物であったことになる。

日本神話の尾茂太留は、於母陀流と書かれようが、於母陀流と書かれようが、いずれにせよ『マハーバーラタ』に登場するドゥリヨーダナであったことに変わりはない。

第四に、『マハーバーラタ』では、ドラウパディーという別名をもった世界一の美女クリシュナーが、クル王家のパーンダヴァ（パーンドゥの息子たち）の長であるユディシュティラの妻となり、また、同じクル王家のカウラヴァ（ドリタラーシュトラの息子たち）の長であるドゥリヨーダナの妻となることによって、クル王家と世界の破滅をもたらしたことが物語られているが、日本神話でも、この女性が大斗乃辨（古事記）、大戸之辺（日本書紀）、大斗野辺（宮下文書）、大戸（同上）、訶志古泥（古事記）、惶根（日本書紀）、角杙（古事記）などの名前で登場する。

クル・クシェートラの平原におけるパーンダヴァとカウラヴァ両軍の決戦

角杙は、これをツノクイと読めば、ツノクイ〜クイツノ〜クイスノ〜クイシュナとなり、クリシュナーと対応する。惶根は訶志古泥（カシコネ）と読まれているが、惶（コウ）と同じ音の煌（コウ）はキラキラシ（煌々し）のキラシという意味をもっているので、惶根＝煌根をキラシネと読めば、キラシネ〜クリスナの変化でクリシュナーと対応する。

大斗乃辨は、乃の字をダイと読めばオホトダイベとなり、インドのオウドデイビー Oudh Devi（王の都の女神）、すなわち『宮下文書』で大戸道の妻と記されたデーヴィー（大戸）と一致する。そしてクリシュナーの別名ドラウパディーは、このオウドデイビーがドウオビディー〜ドアウパディー〜ドラウパディーと変化したものだ。

しかも、大斗乃辨＝大戸之辺＝大斗野辺は意富斗能地＝大戸之道の妻〈記紀〉であるとともに、面足（於母陀流＝尾茂太留）の妻〈宮下文書〉であった。

『古事記』と『日本書紀』の作者は、大斗野辺を大戸之道の妻とし、惶根を面足の妻と書いて別の人物のように記しているが、『宮下文書』では、大斗野辺が面足の妻であると同時に大戸之道の妻でもあったことを、大戸道の妻は大戸比女（オウド・デーヴィー）と呼ばれた、という形ではっきり記している。

また、『宮下文書』の作者は、面足と尾茂太留を別の人物のように記しているが、『古事記』では面足が於母陀流と書かれて尾茂太留と同一人物であったことを正確に記しているし、『日本書紀』は面足の妻が惶根であると記すことによって、大斗野辺（ドラウパディー）と惶根（クリシュナー）が同一の女性であったことを示している。

以上の対応関係をここで整理してみると、次のようになる。

国狭槌＝パーンドゥ
白清竜＝プリター
泥土煮＝アルジュナ
大戸之道＝ユディシュティラ

角杙＝クリシュナー
大戸＝ドラウパディー
大斗野辺＝ドラウパディー
惶根＝クリシュナー

国常立＝ドリタラーシュトラ
神佐加＝ガーンダーリー
阿和路＝ヴィカルナ
面足＝ドゥリヨーダナ

偉大なる王バーラタのアナグラム

読者は前述のような対応関係を見て、どのように思われたろうか。これでも、日本の高天原の神々は、インドの叙事詩に登場するクル王家の人々ではなかったと言えるだろうか。

ここに記した対応関係は、私が調べあげた人物群の中のごく一部でしかない。しかしこれだけでも、読者は日本の高天原の神々が古代インドのクル族の王であり、王妃であり、王子であったことをつかむことができたはずだ。その対応関係は、単に個々の人物の名前がアナグラムによって読みかえられるというだけではなく、それぞれの人物相互の関係においても一致している。しかも、日本とインドで別々に語り継がれてきたことが基本的に一致するばかりでなく、伝説や記録の舞台となった土地や遺跡との対応関係まで明らかになろうとしているのである。

ここで前章から一歩進んで新たにわかったことは、『宮下文書』に記された高天原国家の六代の王が、『マハーバーラタ』に登場するクル王家の以下の英雄たちと見事に対応していることだ。

第一代　国常立＝ドリタラーシュトラ
第二代　国狭槌＝パーンドゥ
第三代　阿和路＝ヴィカルナ

第四代　泥土煮＝アルジュナ
第五代　大戸道＝ユディシュティラ
第六代・面足（＝於母陀流＝尾茂太留）＝ドゥリヨーダナ

第六代高天原王の面足がハスティナープラ（穂千田の都）の王だったこと、面足が『マハーバーラタ』に登場するハスティナープラの指導者ドゥリヨーダナ（於母陀流）であったことはすでに見たとおりだが、これ以外にも、面足がドゥリヨーダナであったことを示す証拠はある。ドゥリヨーダナは、『マハーバーラタ』の中で、パーンダヴァ（パーンドゥの息子たち）と戦ったカウラヴァ（ドリタラーシュトラの息子たち）のひとり、すなわちクル族の指導者として描かれている。そのカウラヴァの別名であるバーラタ Bhārata が、面足の別名の尾茂太留のアナグラムなのである。

尾茂太留をローマ字で表わしてみるとどうか。Omotaru となる。Omotaru のアナグラムは Muarota である。そして m と b、u と h、o と a はよく入れ替わる音なので、Muarota ＝ Bharata ＝ Bhārata ということが言える。このように尾茂太留 Omotaru がバーラタ Bhārata と対応することは、言語学的にみてもほとんど問題がない。ということは、尾茂太留＝バーラタがカウラヴァの指導者ドゥリヨーダナであったことを意味しているのだ。

これまで『マハーバーラタ』は、一般に「バーラタ族の戦争についての大説話」と理解されてきたが、バーラタが尾茂太留、すなわちドゥリヨーダナであるなら、〃マハーバーラタ〃という言葉の本来の正確な意味は、〃偉大なるバーラタ〃、つまり〃大いなるクル族の指導者ドゥリヨーダナ〃を表わしていたにちがいない。〃世界最大の叙事詩〃『マハーバーラタ』は、「偉大なるドゥリヨーダナ（面足）」に率いられた我々日本人の祖先、クル族の英雄的な戦いを物語った叙事詩だったということになる。

『マハーバーラタ』がもともとカウラヴァ（クル族）の英雄詩として成立したものであることは、すでにオーストリアのインド学者でマハーバーラタ原典研究の第一人者だったヴィンテルニッツ（一八六三〜一九三七年）らが明らかにしており、この方面の専門家にはよく知られている。

しかし、この叙事詩のタイトルとなった〃マハーバーラタ〃がクル族の指導者ドゥリヨーダナ自身を指している、ということは今まで誰もはっきり述べていない。ましてやそのドゥリヨーダナ（マハー・バーラタ＝偉大なるバーラタ王）が日本神話に登場する面足を指しており、この叙事詩が日本人の祖先のことを物語っている、と言うに至ってはなかなか信じられないことである。けれども、ドゥリヨーダナがバーラタ（面足）と同一人物であったことは、さらに別の証拠によって示すことができる。

改変された『マハーバーラタ』と『ラーマヤナ』

インドには、ご承知のとおり、『マハーバーラタ』とともに古くから伝えられてきた『ラーマヤナ』という、もうひとつの有名な叙事詩がある。

その内容は、コーサラ国王のダシャラタと王妃カウサリヤーの間に生まれたラーマが、ランカの魔王ラーヴァナに誘拐された美しい妻のシーターを、ラーヴァナとの激しい戦いの末に取り戻し、ついにアヨーディヤーの都に凱戦して国王になる、というものだ。この叙事詩では、腹ちがいの王子バーラタを王にしようとした皇后のためにラーマが都を追われた事情や、彼が弟のラクシュマナや猿王のハヌマトと協力してラーヴァナと戦ったようす、ラーマの不在中に国王の代理を務めて彼の帰還を待っていたバーラタの友情などがロマンチックに物語られている。

ダンダカの森のラーマ、ラクシュマナ兄弟とシーター妃

この『ラーマヤナ』に登場するラーマが、『マハーバーラタ』の英雄アルジュナと非常によく似ていることは、すでに多くの研究者が指摘していることだ。たとえばアルジュナが誰にも

引けない強い弓を引いてヒロインを手に入れたことや、森に十年以上も追放されて数々の冒険をしたこと、神々から授かった武器で〝魔王〟の軍を破ったことなどは、ラーマにもそっくり当てはまる。

私があえて指摘するまでもなく、『マハーバーラタ』のドゥリヨーダナとドラウパディーは、『ラーマヤナ』のラーヴァナとシーターの関係によく似ている。シーターがラーヴァナに〝誘拐〟される話は、『マハーバーラタ』の中では、ドラウパディーがシンドゥ（インド北西部・パキスタン）の王ジャヤドラタに奪われるというバリエーションでお目にかかる。

両者に基本的に共通しているのは、ともに王位をめぐる争いにからんでヒロインが〝誘拐〟され、ヒーローが〝魔王〟と死闘を演じた末に王国を回復するというテーマである。どちらもドラウパディーがパーンドゥの五人の息子と関係したことや、シーターがラーヴァナと関係があったことをあまり問題にせず（というより、関係がなかったとか、やむを得なかったことにして）、ドゥリヨーダナは悪いヤツだ、ラーヴァナは悪党だと印象づける筋立てになっている。

だが、私の見るところ、これらの物語はいずれも後世に政治的な意図で改作されていて本来の伝承とはちがっている。両方とも、クル族の正統な王であるドゥリヨーダナや、インドの正統な王であったラーヴァナから、その正統性を奪い取るために、これらの人物を悪玉に仕立てたフシがある。

まず、『ラーマヤナ』について見れば、ラーマが追放されたのはもうひとりの王妃カイケーイーが息子のバーラタを王位につかせようと陰謀をたくらんだからだとされている。そして実際にラーマが追放され、バーラタが王になって当然なのに彼はこれを拒み、ラーマが戻るまで王の代理に甘んじている。この筋立てはかなり無理がある。これは、ラーマがバーラタと戦って王位を奪ったという形をとると、ラーマが侵略者とみなされることを恐れたからではないか。本当は、バーラタの方に正当な継承権があったので、バーラタがこれを譲ったという形にしたかったからではないかと思われる。

『ラーマヤナ』の作者ヴァールミーキは、ラーマがバーラタ（尾茂太留）と戦って王位を奪い取った事実を隠すために、バーラタの代わりにラーヴァナという魔王を仕立てあげ、また、バーラタの王妃であったシーターをラーマが〝誘拐〟した事実を隠すため、ラーヴァナに奪われたシーターを取り戻したという形に改めたのではないだろうか。

すでに読者は、ラーヴァナが流於母陀、すなわち『古事記』に於母陀流と書かれた『宮下文書』の尾茂太留、『日本書紀』の面足であることを知っている。とすれば、ラーヴァナはバーラタその人であり、ラーマに王妃と王国を奪われて戦死した悲劇的な人物ではなかったかと考えられる。

次に、『マハーバーラタ』について見れば、パーンドゥには五人の息子がいて、その息子たちはひとりの妻ドラウパディーを共有したと書かれている。ところが、読者はその五人の息子の内のひとりがパーンドゥ（国狭槌）の兄の国王、ドリタラーシュトラ（国常立）の養子となって、早逝した皇太子ヴィカルナ（阿和路）の跡を継いだことをすでに知っている。その息子とは、『宮下文書』によれば尾茂太留（バーラタ）であり、『古事記』によれば於母陀流（ラーヴァナ）であり、『日本書紀』その他によれば面足（ドゥリヨーダナ）である。

とすると、ドゥリヨーダナは妻のドラウパディーとともに、ハスティナープラの王宮にいたことが十分に考えられるし、ドゥリヨーダナが妻を〝誘拐〟したというのはおかしな話になるので、ドゥリヨーダナの仲間のジャヤドラタが悪事を働いた形にすりかえて、ドゥリヨーダナを悪役にしたとみられる。

これは、ドゥリヨーダナ（Duryodhana）のアナグラムがジャヤドラタ（Jayadratha）になることを見れば、大いにありうることだ。Duryodhana の語順を入れ替えてできた Nayodrudha は、n が g から j に変わり、o が a に、u が a に、d が t に変わったと考えれば（この変化は言語学的にみて少しも問題はない）、Jayadratha となる。

というより、ドラウパディー（大斗乃辨＝オウド・デーヴィー＝王の都の女神）を誘拐したのは、パーンドゥの他の息子たちではなかったかとも考えられる。なぜなら、オウド（Oudh）とは、その当時のラーマ（王）であったドゥリヨーダナの都ハスティナープラを意味していて、ドラウパディーはこの都の聖なる花嫁であったとみられるからだ。

魔王に仕立てられたクルの英雄ドゥリヨーダナ

従来、『ラーマヤナ』と『マハーバーラタ』の研究者は、両方に登場する主な人物がアナグラムを用いて置き換えることができる同一人物であるとは考えてもみなかった。しかし、『ラーマヤナ』のラーヴァナが悪役に仕立て上げられたバーラタであり、そのバーラタがドゥリヨーダナであることがわかった以上、『マハーバーラタ』のドゥリヨーダナはラーヴァナと同一の人物（面足）をモデルにしたことがハッキリしている。

この点になおも疑問をもたれる読者は、『マハーバーラタ』のパーンドゥ（国狭槌）とその王妃プリター（白清竜）、あるいはドラウパディー（大斗乃辨）が、はたして『ラーマヤナ』のダシャラタ王やカウサリヤー、シーターに置き換えられるかどうか、みずからテストしてみられるとよい。問題の女性、ドラウパディーがシーターに相当することは、ドラウパディー＝大斗乃辨＝大苫辺という等式を使えば、すぐに導き出すことができる。

『日本書紀』に大戸之道（ユディシュティラ）の妻と記された大苫辺を私はさきにダイムシロヘンと読んでデーヴニモーリの遺跡と結びつけた。今、ここで大苫辺をタイセンヘンと読めば、タイセンヘンはタンヘヌセイ〜デンポノセイ（田畝之精）となってシーター（Sitā）の名前の由来である〝田のあぜ（畝）から現われた女神〟となるし、タイセンヘンのンの音が脱落したタイセヘは、セヘタイ〜シヒタアの変化でシーターと結びつく。大苫辺＝ドラウパディーから、大苫辺＝シーターが導かれるのである。

シーターが〝田畝之精〟であることは、シーターの正統な夫であるラーヴァナ（面足）の別名が〝穂千田〟であることとうまく符合しているし、面足の妻であった大斗野辺の別名、千早＝バーラトとも一致している。なぜなら、バーラト（バヤト〜ハヤチ〜早千〜千早）は古代イスラエルの言葉（ヘブル語）で〝豊穣の女神〟〝大地母神〟を意味しているからだ。さきに大斗野辺＝大斗乃辨の別名であることがわかった大戸（デーヴィーDevi）も、インドの大地母神を指している。

もはや、私がこれ以上いろいろな根拠を挙げなくても、『ラーマヤナ』に登場する主要な人物が『マハーバーラタ』のそれと対応すること、しかも、それらの人物は日本神話の高天原の神々であったことに疑問はないだろう。

第六代の高天原王ラーヴァナ＝バーラタ＝ドゥリヨーダナ＝面足は、インドの仏教徒やジャイナ教徒が残したラーマ物語の中では、偉大な聖人として、また大いなる行者として扱われている。ラーヴァナは〝大クル王（マハーラーマ）〟だった。

ラーヴァナが〝誘拐〟したというシーター＝ドラウパディー（大斗野辺）も、ヒマラヤ山脈の西にあるカシュミールや東のネパール、ブータンあたりでは、はっきりラーヴァナの妃だったと伝えられている。

『マハーバーラタ』の原典を批判的に、また事実に即して客観的に分析したさきのヴィンテルニッツは、この叙事詩が、前六世紀の釈迦以前の時代にすでにあったカウラヴァの英雄詩を基にしながら、それを残したカウラヴァに敵意をもっていたパーンダヴァの詩人によってあとで改作されたと結論づけた。つまり彼も、クル族がカウラヴァとパーンダヴァに分かれてかつてない大戦争をした結果、カウラヴァ（ドゥリヨーダナ側）が壊滅的な打撃を受け、かろうじて優位に立ったパーンダヴァ（ユディシュティラ側）がカウラヴァの英雄詩を自分たちに有利に書き改めたとみなしているのである。

インドに侵入したアーリア人の正体はアッシリア人だった！

ヴィンテルニッツは、パーンダヴァがカウラヴァの歴史を書き改めたのは、クル王家の内部で「事実上の王朝交替」があったからだと考えた。しかし、私にとっては、それは単なる「王朝交替」ではなく、西方からインドに侵入したアーリア人（インド・ヨーロッパ語族）の動きと結びついているように思われる。もっと具体的に言えば、紀元前八世紀頃、インドやパレスチナ、エジプトに侵入したヒッタイト・アッシリア系勢力の動向と関係があるのではないかと思う。

読者は、『宮下文書』の国常立（ドリタラーシュトラ）の時代に、「越地」から荒ぶる神がインド北部（阿祖北）に侵入したと記されていることを覚えているだろうか。その箇所の解説で、私が「越地」はハッティを指していると読み解いたことを奇妙に思わなかったろうか。

だが、そのハッティ（越地）とは、ここではっきり述べれば、紀元前八世紀にアッシリアの支配下に入ったトルコ半島・イラン高原のヒッタイトを指している。「越地の大賊」とは、イラン高原北東部からインドに侵入したヒッタイト系のアッシリア人、すなわちアーリア人を指している。

これまで、アーリア人は紀元前一五〇〇年頃インドに侵入したイラン系の住民（インド・ヨーロッパ語族のひとつ）とみなされてきたが、今ひとつ実体がわからなかった。けれども、そのアーリア人は、インド・ヨーロッパ語に属するヒッタイト語を話した紀元前八世紀のアッシリア人だったのである。アッシリアAssyria（Assuria）がアーリアArya（Aria）に変化したことは、アッシリア語がギリシャ語に書き換えられる時、母音と母音の間のSの音が消える傾向（例：Taruisa～Taruia～Toroia～Toroya）があることによって十分に説明がつく。これまでアッシュールAssur～アッスリアAssuria～アウリアAuria～アーリアAria（Arya）の変化を考えなかったため、インドのアーリア人がアッシリア人と結びつかなかっただけのことである。

この時期にインドに侵入したアーリア人は、ヒッタイトの神々をインドにもたらした。インドのバラモン教の根本聖典のひとつ、『リグ・ヴェーダ』に記されたインドラ（暴風雨神～太陽神）やヴァルナ（水の神）、ミトラ（太陽神～地下神）、ナーサトヤ（大気の神）が、それぞれヒッタイトの守護神であったインダル、ウルワナ、ミトラ、ナシャティアに対応していることは、これらの神々を祭り、ヒッタイト語（インド・ヨーロッパ語）を話したアーリア人（アッシリア人）が、イラン高原からインド北西部を経てガンジス川流域にやってきたことを物語っている。

そのアーリア人は、『マハーバーラタ』によれば、ヤーダヴァYādavaと記された人々、すなわちのちのインドでヤヴァナYavanaと呼ばれたギリシャ系（インド・ヨーロッパ語族）の人々だった（Yādava～Yavada～Yavana）。彼らは、『マハーバーラタ』の中では、ライヴァタカの山地におり、ドヴァラカーの都にいたことになっている。ラーマの弟がルクミニーを誘拐して結婚式を挙げたのは、このドヴァラカーの都だ（第2章参照）。

そして従来の研究者は、このライヴァタカやドヴァラカーがどこにあったか明らかにしていないが、これらをアナグラムとみなして解読すれば、ライヴァタカ Raivataka はインドの北西にあるカシュミール（Raivataka ~ Katavaira ~ Kashmir）地方を指し、ドヴァラカー Dvārakā はハスティナープラの北方およそ百三十キロメートル地点にあるバハダラバード（ハスティナープラと同じ〝埋蔵銅器〟を出土したウッタルプラデシュ州北部の遺跡）だったことがわかる（バハダラ Bahadara ~ Vakadar~ Dvaraka ~ Dvārakā）。

クル王家を分裂させたアーリア人＝ヤーダヴァ族の陰謀

問題は、このヤーダヴァ族と呼ばれるヒッタイト・ギリシャ系のアーリア人がインドのクル族と対立しながら、その王の娘をクル王の弟と結婚させたところにある。

『マハーバーラタ』は、ドリタラーシュトラ王（国常立命）の時代に、王の弟のパーンドゥ（国狭槌）がヤーダヴァ王の娘プリター（白清竜）と結婚したことを伝えているが、はたしてこの結婚は、『宮下文書』に国常立（ドリタラーシュトラ）が阿祖北（インド北部）・阿祖西（インド西部）の荒ぶる神をおとなしくさせたと書かれていることと関係がなかったろうか。

古代世界では、対立する国家同士の紛争を解決する手段として、王家同士の政略結婚がよく行なわれた。エジプトのテーベ王朝のファラオ、アメンホテップ三世は、ミタンニ王ドゥスラッタの娘タドゥヘパ（多くのエジプト学者によってネフェルティティと同一人物であるとみられている美しい女性）と結婚してミタンニとの関係を強化し、ヒッタイトの脅威に対抗した。同時代のヒッタイト王スッピルリウマシュは、ミタンニ王ドゥスラッタが王家の内紛で殺されたあと、ヒッタイトに亡命してきたドゥスラッタの息子のマッティワザを自分の妹と結婚させ、ミタンニの王位に就くよう あと押しをした。これと似たようなことがヤーダヴァ王とパーンドゥ（ダシャラタ）の間にあって、インド北部の紛争が一時的に収まったとは考えられないだろうか。

次に問題となるのは、ヤーダヴァからパーンドゥのもとに嫁いだプリター姫（白清竜比女）が、夫のパーンドゥの知らない内に義兄のドリタラーシュトラと関係をもち、ふたりの間に生まれたバーラタ（尾茂太留）をパーンドゥ（国狭槌）の子として育てながら、王位継承のため、ドリタラーシュトラ（国常立）の養子に出したとみられることである。

このことは、『マハーバーラタ』の中に本編とは無関係な外見をとって収められたシャクンタラー姫の話に登場する〝隠し子〟がバーラタ（尾茂太留）という名をもち、しかもシャクンタラー Śakuntalā という名前自体がプリター姫の別名スリ・クンティー Suri Kunti（聖クンティー）のアナグラムであることや、夫のドゥシュヤンタの名前までパーンドゥ（国狭槌）の別名ダシャラタの変形であること、などから十分に考えられる（Suri Kunti ~ Sukuntiri ~ Sakuntara ~ Śakuntalā）。

また『マハーバーラタ』の本編の中で、ドリタラーシュトラ（国常立）が、ドゥリヨーダナ（尾茂太留）の分身としてパーンダヴァ（国狭槌と白清竜の間に生まれた子供たち）と戦ったカルナに、おまえはクンティー（白清竜）の子でパーンダヴァの実の兄なのだから、もう弟たちと戦うのはやめよと訴えていることからも、クンティーがクル王家の内紛の原因である〝隠し子〟を作ったことが読みとれる。

さらに大きな問題は、クンティー（白清竜）の息子のアルジュナ（泥土煮＝活杙）がドルパダ王の娘ドラウパディー（大斗乃辨＝角杙）と結婚することになった時、ドラウパディーがこの母親の前で「五人の息子の共同の妻」になることを誓わせられ、最年長の兄から順番に妻として与えられたことである。

『マハーバーラタ』を表面的に読むと、五人の息子の内で最年長者はユディシュティラ（大戸之道）だと書いてあるため、ドラウパディーの第一の夫はユディシュティラであり、皇太子は彼だと思うかもしれない。だが、クンティーの〝隠し子〟のカルナが実はユディシュティラたちの兄だったと述べられていることや、この〝隠し子〟がバーラタ（尾茂太留）すなわちドゥリヨーダナであったことを考えてみると、ドラウパディーの第一の夫はドリタラーシュトラ王の実の息子、皇太子のドゥリヨーダナ（面足）だったことが十分にうかがわれる。

『マハーバーラタ』と同じテーマを『マハーバーラタ』以上に完成させた叙事詩として展開している『ラーマヤナ』はドゥリヨーダナをさらに悪魔的な人物、ラーヴァナとして描き、ラーヴァナ（面足）がシーター（大斗乃辨）を掠奪したことにしているが、『マハーバーラタ』によれば、掠奪結婚はヤーダヴァの戦士の名誉ある行為とされており、〝魔王〟ラーヴァナや〝誘拐者〟ジャヤドラタ、ドゥリヨーダナらが属するクル族のしきたりではなかった。

もともとクル王だったドゥリヨーダナは、ヤーダヴァ族出身のクンティーの影響下にあったユディシュティラから王位を取り戻そうとする立場にはなかったし、ドゥリヨーダナの一族がドラウパディーを掠奪したというのも、クル族の習慣に照らし合わせてみると、歴史的な事実であったとは思われない。

そして何よりも大きな問題は、クル王家がユディシュティラの率いるパーンダヴァとドゥリヨーダナの率いるカウラヴァに分かれて戦った時、ヤーダヴァ出身のクンティーは「ドラウパディーに加えられた侮辱」を口実に息子たちを戦場に駆りたて、クンティーの甥にあたるヤーダヴァの英雄クリシュナがクル族の両軍に加勢してこの戦争をあおり、破滅的なものにしたことである。

現存の『マハーバーラタ』は、インドのアーリア化・ギリシャ化がよほど進んだあとでその内容がパーンダヴァ側・ヤーダヴァ側に有利になるよう書き改められているため、この戦争のすべての原因はドゥリヨーダナがパーンダヴァにひとかけらの領土も渡そうとしなかったところにある、と述べている。しかしその真相は、クル族の土地に侵入したヤーダヴァがそこに生活するだけでは満足せず、自分たちの息のかかった王を擁立し、自分たちが勝手気ままにふるまえる土地をパーンダヴァの名において要求した、ということではなかったか。

以上のように分析してみると、インドのクル王家を分裂させ、我々の祖先を恐るべき破局に追いやったのはヤーダヴァ族のクンティー（白清竜比女）であり、クンティーをクル王家に送り込んだヤーダヴァ王だったことがわかる。

日本からインド、ギリシャへのびる美神の回廊

だが、このヤーダヴァ王とは、はたして何者だったのだろうか。

この王の正体は、今のところ定かではない。が、もしもヤーダヴァがヤヴァナから作られた言葉でギリシャ人の王を表わしているなら、ヤヴァナ Yavana はナウプリア Nauplia の王だったと信ずべき証拠がある（Nauplia ～ Nauplya ～ Naupya ～ Yapuna ～ Yavana）。

ギリシャの植民都市ナウプリアは、海神ポセイドーンと水の妖精アミューモーネーとの間に生まれたナウプリオスが建設した港町で、ナウプリアの王として当時の交易ルートを支配したとみられるナウプリオスは、『ギリシャ神話』（ビブリオテーケー）を著わしたアテネの文法家アポロドーロスの伝えるところによれば、アーエロペーやクリュタイムネーストラー、アイギアレイア、メーダーなどの美女たちを次々に各地の王に嫁がせ、彼女たちに姦通をそそのかして王家の破滅をもくろんだと言われる。

それらの美女の代表格ともいうべきアーエロペーは、迷宮伝説で有名なクレータ王ミーノースとパーシパエーの間に生まれたカトレウスの娘だが、わけあってナウプリオスの手で〝黄金の子羊〟

（ヴィマナ）の所有者だったミュケナイ王アトレウスのもとに売り飛ばされ、彼との間にメネラーオスとアガメムノーンをもうけた。

のちにアガメムノーンやオデュッセウス、アキレウスらとともにトロイ（ヴィルーサ）に遠征し、プリアモスの息子アレクサンドロス・パリスに〝誘拐〟された〝妻〟のヘレネーを取り戻すために戦ったトロイ戦争の英雄、メネラーオスらを生み出したアーエロペーについて、アポロドーロスはこう書いている。

> ペロプスの子にピッテウス、アトレウス、テュエステースその他があった。アトレウスの妻はカトレウスの娘のアーエロペーであったが、彼女はテュエステースを愛していた。アトレウスはある時自分の羊の中で最も美しいものをアルテミスに捧げると誓ったが、黄金の仔羊が現われた時に、その誓いをおろそかにしたと伝えられる。彼はこれを絞め殺し、箱に納め、その内に保存した。これをアーエロペーがテュエステースと姦通して、彼に与えた。
>
> というのは、ミュケーナイ人にペロプスの子を王に選ぶべしという神託があり、彼らはアトレウスとテュエステースとを招いたからである。そして王国に関して議論が生じた時、テュエステースは黄金の仔羊の所有者が王国を有すべきであると民衆に布告した。アトレウスがこれに同意した時、彼（テュエステース）はその羊を示して王となった。

しかしゼウスはヘルメースをアトレウスに遣(つか)わして、もし太陽が逆の道を取ったならば（地軸が逆転したなら）、アトレウスが王になるという協約をテュエステースになすべしと言った。テュエステースがこれに同意した時、太陽は東に沈んだ。かくてこの神がテュエステースの横領を証したので、王国をアトレウスが獲得し、テュエステースを追放した。

しかし後に姦通を知って、和睦の使者を送って彼（テュエステース）を招いた。そして友のごとく装って、テュエステースが来た時に、彼が水のニムフより得た子供たち、アグラオス、カリレオーン、オルコメノスを、彼らがゼウスの祭壇において命乞いをしたにもかかわらず、殺害し、八裂きにし、煮て、身体の端の部分を除いて、テュエステースに供し、彼が飽食した時に、端の部分を示し、そして国外に放逐(ほうちく)した。

テュエステースはあらゆる手段を講じてアトレウスに復讐せんとし、このことに関して神託を求め、そして自分の娘と交わって子を得たならば、という答を得た。そこでその通りに行ない、娘よりアイギストスを得た。アイギストスは成長してテュエステースの子であることを知った時、アトレウスを殺して王国をテュエステースに復旧してやった。

（岩波文庫『ギリシャ神話』）

何とも恐ろしい、信じられない話だが、ここで読者は、テュエステースとアトレウス、およびアーエロペーについて語られていることが、基本的には国常立（ドリタラーシュトラ）と国狭槌（パーンドゥ）、白清竜（クンティー）についてすでにわかったことと重なり合ってくることに気づかれたろうか。

ここに書かれたことは、多かれ少なかれギリシャ的な誇張と歪曲、誤解があるので額面どおりに受けとることはできない。が、それにしても、国常立とテュエステースが同一人物であることはハッキリしている。私はさきに国常立をタアジャウタツと読んで、これがドリタラーシュトラになることを導き出したが、今、このタアジャウタツをタジャウタアツ〜テジュエテエツ〜テスュエテースと変化させれば、テスュエテースがテュエステースとなることは明らかだ。

ということは、この点から、ギリシャ神話のテュエステースとアトレウス、アーエロペーが『マハーバーラタ』のドリタラーシュトラやパーンドゥ、クンティーに対応するだけでなく、日本神話の国常立、国狭槌、白清竜にそれぞれ対応している、という結論が導かれることを意味している。

また、アポロドーロスの他の記述から、テュエステースの息子のタンタロスはドゥリヨーダナ（面足）であり、メネラーオスはユディシュティラ（大戸之道）、アガメムノーンはアルジュナ（泥土煮）であること、トロイのヘレネーはドラウパディー（大斗乃辨）であること、トロイ戦争の舞台はインドのハスティナープラだったことなど、実に多くの対応関係を新たに見つけることができる。

ここでそのような対応関係をすべて紹介しなくとも、すでに読者は、ヤーダヴァがその当時のギリシャやエジプト、小アジア、メソポタミア、そしてインドの各地で活躍した〝死の商人〟グループの首領ナウプリオスであり、クンティー（白清竜）はナウプリオスの養女としてクル王家に送り込まれた実に危険な女性であったことがわかるだろう。

ヤーダヴァ（ナウプリオス）と呼ばれたアーリア人がインドに侵入し、インドの高天原にあった我がクル王家と深い関わりをもつことによって起こった悲劇は、決して「クル王家の内紛」や「王朝交替」といったなまやさしい言葉で済まされるものではなかった。ヤーダヴァによって引き起こされた戦争は、実にクル族の文明を滅ぼし、地球の各地で活躍していた我々日本人の祖先の足跡をあとかたもなく消し去ってしまったからである。

第7章

日本の叙事詩(ユーカラ)に伝わる〝最終戦争〟の記憶

クル・クシェートラの平原で戦われた恐怖のせん滅戦

その戦いは、『マハーバーラタ』によれば、インドの北西にあるクル・クシェートラの平原で行なわれ、全世界を破滅に導いた。この戦いでクルの人々はユディシュティラの軍勢（パーンダヴァ）とドゥリヨーダナの軍勢（カウラヴァ）に分かれて激しく戦い、ほとんどの人が死に絶えた。

このような恐るべき戦争の記憶を今の日本人がもっていないとしても、『マハーバーラタ』に日本の高天原の神々が登場する以上、この叙事詩は我々の祖先が経験したことを何がしか物語っている。

かつて地球上に栄えた日本人の祖先から過去の栄光に満ちた記憶をことごとく奪い去り、クル族がそれまで各地に築きあげてきた輝かしい都市文明を一瞬の内に滅ぼしたとみられるこの戦争について、『マハーバーラタ』は次のように語っている。

●その時、にわかに東の空に昇った荘厳な〝月〟は、あたり一面を赤い光で照らした……。その瞬間、大地は目もくらむばかりの光に満たされ、地下の奥に広がる底知れない暗闇まではらいのけられた……。この〝月〟の光を浴びて、勇士たちの軍勢は目を覚ました。それはあたかも、日の光が差し込むと同時に、それまで眠っていた何万という蓮の花がいっせいに花弁を開いたようだった。そして見よ、この大いなる勇者たちの軍勢は、まるで大洋の潮が満月の光とともに満ちてくるように、どよめく大海原となって、夜の星が再び昇るのを待たず行動を開始した。王よ、見られよ、こうしてついに、最上の天界に憧れているこれらの勇士たちの間で、世界を絶滅へと導く新たな戦いが始まったのです。

●もろもろの偉大な武器を管理していたヴァーユは、かくしてサンスアプタカの軍勢を馬や象、戦車、武器もろとも、枯葉のごとく吹き飛ばした……。爆風に吹き飛ばされて、あらゆるものがまるで鳥のように……木からいっせいに飛びたった鳥のように、高く、美しく舞い上がっていった。

●英雄アシュヴァッターマンはみずからの空艇ヴィマナにふみとどまると、水面に降りたって、神々さえも抵抗しがたいアグネアの武器を発射した……。アグネアの武器がひとたび空中高く放たれると、その矢の束は光り輝く流星の雨となって地上に落下し、敵を圧倒した。パーンダヴァの軍勢は、突如、深い闇に包まれ、方向感覚を失ってしまった。やがて恐ろしい風が吹き始め……太陽がグラグラ揺れて、あらゆるものが熱で焦がされ始めた。象たちはこの武器の発する熱に焼かれ、あたり一面に広がる炎から逃がれようとして右往左往した。海や川の水まで蒸発し、水中に住む生きものも死の脅威にさらされた。

●矢の雨はあらゆる方向から激しい風をともなって降りそそいだ。雷よりもすさまじい音をたてて爆発したこの武器のために、敵の兵士たちは猛火に包まれ、燃え木のようにバタバタと倒れた。巨大な象たちも、この武器に焼かれて狂おしい悲鳴をあげ、ドドーッと大地にくずれて重なっていった……。こうして戦場の生きものは戦車もろとも火に呑みこまれ……木の葉のように燃え尽きてしまった。

●強力この上ない高速のヴィマナで空を飛んでいたクルスは、〝雷電〟を巧みに操作した。彼は、三つの都市がそれまでのどんな武器でも効果がないことを知ると、これらの都市に向けて、神々すら恐れていた巨大な苦しみをともなう武器を発射した。それは、太陽を一万個集めたほど明るく、輝ける炎と雲のそそり立つ柱となって巨大な死をもたらす〝鉄の雷電〟とよばれる未知の兵器だった。

●三つの都市の住民は、ひとり残らず焼き尽くされて灰と化した。死体は見わけがつかないほど焼けただれ、手足の爪や髪の毛はことごとく脱け落ちた。陶器はひとりでにボロボロと崩れ、鳥たちは灰で真っ白になった。そして数時間後に、すべての食物は汚染されて食べられなくなった。これを見たクルの兵士は恐怖にかられ、命からがら戦場から逃げだした。彼らは急いで川に飛びこみ、自分たちの身体と身につけているものを洗った。

●太陽と月の周りには、来る日も来る日も、不吉なおそろしい光の環が見られた……。クル族の王ユディシュティラは、その後まもなく、この〝鉄の雷電〟のためにヴリシュニとアンダカの民が全滅したという報告を受けた……。ヴリシュニとアンダカの民をことごとく焼き尽くしてしまった〝鉄の雷電〟とはなんとおそるべき兵器だろうか……。王は、この武器がもたらした悲惨な結果にひどく心を痛め、ついにこのような兵器を粉々に砕いて廃棄すること

を決意した。（著者の訳）

この戦争の結果、ドゥリヨーダナ＝面足に率いられたカウラヴァはほとんど全滅し、ユディシュティラ＝大戸道が勝利者となった。そして新たにインドの高天原の王になった彼はまもなく天界に去り、生き残ったクル族は第七代の高天原王イザナギのもとで新たな国生みをすることになった。『マハーバーラタ』はユディシュティラの跡を継いだクル王の名をパリクシト Pariksit と記しているが、そのパリクシトとは、伊邪那岐（イザナギ）〔古事記〕の別名＝伊弉諾（イサフタク）〔日本書紀〕のアナグラムであるハイクサトが、パイクサト～パイクシト～パリクシトと訛ったものだ（Isahtak ~ Haiksat ~ Paiksat ~ Paiksit ~ Pariksit）。

日本神話はイザナギとイザナミの国生み以後のことをかなり詳しく伝えている。読者は、『古事記』や『日本書紀』の具体的な記述がイザナギとイザナミの国生みから始まり、両神の営みによって大八島国や八百万の神々が生まれたことや、アマテラスとスサノオがそれぞれ高天原と出雲（いづも）を治めたこと、そしてアマテラスの孫（天孫）の時代にニニギが出雲の国譲りを受けたことなどが記紀に記されているのをすでにご存知だろう。

しかし、日本神話は、イザナギ以前の時代にこのような戦争があったことを伝えていない。イザナギとイザナミの時代に、ふたりの間に生まれた火神のカグツチがイザナミを死なせてしまったため、イザナギがカグツチを殺したことや、黄泉（よみ）の国に旅立ったイザナミを連れ戻しに行ったイザナギが、出雲の国の黄泉比良坂（よもつひらさか）でイザナミと争ったことは伝えられているが、『マハーバーラタ』に記されているような戦争がかつてあったことは伝わっていない。そのため、我々は長い間この戦争のことを忘れていた。

『ユーカラ』にみるポイヤウンペ戦争の光景

読者の中には、日本神話にバーラタ戦争のことが何も語られていないなら、はたして私の言っていることは本当なのか、今の日本にバーラタ戦争のことが何ひとつ伝わっていないのなら、それは実際にあったことなのか、非常に疑問をもたれる方もいるはずである。

『マハーバーラタ』の英雄たちがたとえ我々の祖先であったとしても、このような戦争は実際にあったのではなく、叙事詩の作者が空想しただけのことではないか、と思う方もいるにちがいない。けれども、実は日本にも、この戦争のことを物語ったとみられる次のような言い伝えがあったのである。

我を育てたのは我が爺（じい）やなり
かの洞窟の奥深く我は育つ……
あれは何の音

とも知らぬ幼い頃より
大きな音がふたつ
また三つと聞こえてくるのを聞きながら
我は育った
あれはどこかで戦争が起こっている音なのだろうかと思いながら
わけもわからず育ったことを我は思い出す
今は昔の衣（ころも）のすそも腰にかかるまでに成長した
その時またもや大きな音がふたつして
我が爺やは
〝わしの育てた尊い御子（みこ）よ、わしの言うことをよおく聞いてくだされ
あれはわしの部下が戦争をしている音なのです
わしは汝をここまで育て　愛（いつく）しんできた
だからどうか汝はわしのかわりに戦って部下を救ってほしい
あの音はわしの部下が皆殺しにあっている音なのです
今、わしの部下はシヌタプカのチウセレスとカムイオトプシ、サンプツウンクルの三人と戦っています
早く彼らを倒してください〟

と言った
我が爺やがとり出した戦の品々を見れば
神の衣と腰につける黄金のベルト、天から下った神の武器と黄金のヘルメットで
我はこれらを爺より受けとって武装したことを思い出す……
それから我が外へ出てみれば
我が幼き日の思い出の場所はかの洞窟の奥にあり
この大いなる川の流れは照り輝いて
川上の地まで戦の道は果てしなく続き
我に翼を与えるのはいかなる神かと思うまもなく
我が頭上に激しい旋風と轟音が巻きおこってカムイマウが地上に降りきたった
その〝神風〟の先端に身を置いて空高く舞いあがり
〝神風〟を駆ってすばやく川上の地をめざせば
おお、魔神のしかばねは戦場に累々と横たわり
はるかなる川むこうの地は靄につつまれ
その中心にひときわ高く黒い雲が覆いかぶさって
神々に死をもたらす不吉な音がふたつ、
また三つと

黒雲の中から聞こえてくる
その黒い靄（もや）のまっただ中に飛び込んでみれば
魔神の軍勢は群らがるハエのように飛び回っている
我は敵の編隊をめざして降下していったのであった
ところが
これはチウセレスかとおぼしきヤツのふるまいの何と立派なことよ
容姿はなみはずれて美しい上に
勇猛果敢なことこの上なく
ただ溜息をつくばかりにすばらしい
その身に受けた傷あとがいたいたしいまでにただれきっているというのに
神の武器をあやつる技のたくみなことよ
目にもとまらぬ速さであたりに光を放っている……
ここに我が怒りは再び燃えあがり
チウセレスめがけて我が武器を発すれば
彼は我が武器の射程のかなたにいち早く飛び去り
キラ鳥のごとくすばやく逃げ回る
下にそれた武器は大地を焦がす光となり

上にそれた武器は天高く輝く光となり
我はなおも焔を燃やして追い続けた……
時に大地を見おろせば
我が〝神風〟は国土の上に大いなる疾風（はやて）を巻き起こし
樹木（きぎ）のこずえをことごとくなぎ倒したかと思えば
巨大な木の根を根こそぎ掘りおこし
枝先からは大きな口笛にも似た風の音がヒューヒュー吹き荒れて
青草までが地面から剝（は）ぎとられるありさまとなった
このため戦場の空は汚れた土ぼこりに覆われ
国土の上空には折れた枝木（えだぎ）が群れなす小鳥のように飛びかって
熱い燃えがらがシュー、シューと
不吉な音をたてながら戦場に降りそそぎ
これらに当たって死ぬものさえ現われ始めた……

右に紹介した文は、北海道のアイヌに伝わる叙事詩（ユーカラ）「ニタイパカイェ」の一節（門別町郷土史研究会編『アイヌの叙事詩』所収）を私自身の言葉でわかりやすい形に訳し直したものだが、読者は、ここに物語られている戦争が『マハーバーラタ』に描かれた戦争とよく似ているとは思わなかったろうか。

神風〝カムイマウ〟と空艇〝ヴィマナ〟に乗って戦った神々

この「ニタイパカイェ」は、アイヌの古老の話では、その昔コタンカラカムイという〝国造りの神(カムイ)〟やオイナカムイという〝代々語りつぐべき神〟がいた頃に活躍した少年英雄、ポイヤウンペにまつわる伝承の一部で、ニタイパカイェ nitay-pakaye という言葉は「森の樹木の梢(こずえ)を吹き飛ばす〈竜巻きのような魔物〉」を意味している。

ポイヤウンペが敵の英雄たちと戦った時に使った武器は〝大地を焦がす光〟となり、〝天高く輝く光〟となって〝国土の上に大いなる疾風(はやて)〟を巻き起こし、〝樹木(きぎ)のこずえをことごとくなぎ倒した〟、それらの枝木(えだぎ)は〝群れなす小鳥〟のように空高く舞い上がり、〝熱い燃えながら〟が、〝戦場に降りそそいだ〟と述べられているのは、サンスアプタカの軍勢に向かって発射されたヴァーユの武器や、パーンダヴァめがけて発射されたアグネアの武器がもたらした効果とほとんど同じである。

ポイヤウンペが洞窟にいた時に聞き、戦場に駆けつけた時に耳にした音は、巨大な破壊力を秘めた兵器が発射され、大気と地面を揺るがした音のようであり、戦場は〝靄(もや)に包まれその中心にひときわ高く黒い雲が覆いかぶさって〟いたというのは、クルスが三つの都市の住民に向かって発射した〝鉄の雷電〟の効果を別の形で物語っているようである。

ポイヤウンペは〝カムイマウ（神風）〟と呼ばれる飛行物体に乗って戦ったが、その〝カムイマウ〟は、アシュヴァッターマンが自在に乗りまわした空艇、〝ヴィマナ〟と呼ばれる飛行機械をただちに連想させる。

『マハーバーラタ』は、ドローナの息子アシュヴァッターマンが発射した武器によって〝西の国〟が波の底に消えたことを別のところで述べているが、このことは、日本の『ユーカラ』に以下のように伝えられていることと関係があるように思える。

●魔神との戦いで　我が国土は
我とともに揺れた
そのため　我が国土は　裂けてゆき　割れていった……
●国土のおもては　荒れ放題に荒れはて　焼けていった……
氷塊が　すさまじい音をたてて落ちてきたかと思えば
突然　夏の雨が　ものすごい音をたてて　国土の上に降りそそいだ……
●ときに大いなる〝カムイマウ〟が
激しい轟(ごう)音を鳴りひびかせて降下し
まさに天が崩れ落ちたようだった……
●我が育てし君よ

御身のいくさのそばにあって
我は　夜も　昼も　御身を照らした
我がこの地球をユラユラ揺り動かしたので人間の国土は裂けてゆき　割れていったのです
……

（『アイヌの叙事詩』参照）

インドの『マハーバーラタ』と日本の『ユーカラ』は、これまで両方ともその内容が一般に知られていないため、まったく関係がないと思われてきた。日本とインドに古くから伝わる神話や伝説、叙事詩の比較研究はほとんど未開拓の分野で、ユーカラ研究の世界的権威と言われた金田一京助やインド古典文学の大家であった辻直四郎、田中於兎也などの優れた研究者は、いずれも両者の関係に気づいてはいたが、両方の叙事詩で最大のテーマとなっている戦争そのもののつながりには触れないで世を去った。

ふたつの叙事詩に描かれたのは古代の核戦争か？

しかし、読者は、ここに私が紹介したふたつの叙事詩の戦争場面を比べてみて、多少なりとも、その光景や発想が似ていると思ったのではないだろうか。
ここに物語られた戦争は、確かに我々が予想していた以上に現代的であり、我々がまだ正確に実体をつかんでいない〝ヴィマナ〟や〝カムイマウ〟と呼ばれる空艇さえ登場する。

ヴァーユ（風神）の武器やニタイパカイェ（暴風神）の武器に関する描写は、ある種の爆弾がこの戦争で使われたのでなければ到底想像もできないくらい鮮明な形でその破壊効果を物語っているし、アシュヴァッターマンが発射したアグニ（火神）の武器やポイヤウンペが使った武器の描写は、実際にこの戦争で多核弾頭ミサイルやレーザー兵器と同じようなものが使われた可能性を示している。


この戦争で使われた〝ニタイパカイェ〟や〝鉄の雷電〟は、まさしく、さきの第二次世界大戦で広島と長崎に落とされた原子爆弾よりも破壊力が大きい核兵器だったとみえ、そのことは、〝太陽を一万個集めたほど明るく〟〝輝ける炎と雲のそそり立つ柱となって巨大な死をもたらす〟という表現や、都市と住民、兵士らを一瞬の内に滅ぼした破壊効果、この兵器の熱線による〝ただれ（ケロイド）〟やガラス化、〝死の灰〟の恐怖、急いで戦場を離れ、川に飛びこんで灰を洗い流したこと、食物の汚染などの描写からうかがうことができる。

『マハーバーラタ』と『ユーカラ』の戦争描写は、第二次世界大戦で核兵器が使われるはるか以前からインドと日本に伝わっていたもので、これらの光景がつい最近の原子爆弾や原爆搭載機についての知識に基づいて語られたものでないことはハッキリしている。

また、『マハーバーラタ』の描写が、核兵器のもつ多様で複雑な破壊効果、閃光・キノコ状の雲・すさまじい爆風・高熱破壊・ケロイド・ガラス化・死の灰・大気汚染・太陽と月をとりまく光の環・その他をこの上なく正確に物語っていることは、古代の叙事詩に描かれた戦争が決して詩人の空想の産物ではなく、この戦争を生き延びた人たちの体験に基づいていることを示している。

要するに、我々日本人の祖先、インドのクル族やアイヌのカラ族は、まちがいなく古代のある時期に破滅的な戦争を経験したのである。

私はすでにこのことを『人類は核戦争で一度滅んだ』（学研ムーブックス）の中で述べておいたが、その時はいろいろな事情があって、この戦争がいつ、どのような形で始まったか、この戦争の舞台はどこで、歴史的に実在したどのような人たちが関与していたか、この戦争によって我々の祖先がどれだけ過去の遺産を失ったかを十分に書くことができなかった。つまり、このように破滅的な戦争は一度や二度ではなかったこと、この戦争によって我々日本人の祖先の偉大な文明、アガルタ宇宙文明やカラ文明が崩壊したこと、この戦争がそれまでの世界をリードしてきたクル族の文明を滅ぼし、アーリア人の台頭とその後の二千数百年にわたる南方文化の後退、アジア・アフリカ・アメリカ・オセアニア地域の歴史の空白をもたらした決定的な要因であったことなどが書けなかった。

『ユーカラ』と『マハーバーラタ』の英雄をアナグラム分析する

そこで今、改めてこの点に触れてみるなら、古代のいちばん最後の核戦争は、今からおよそ二千八百年前に、エジプトやメソポタミア、インドに侵入した好戦的なアーリア人の一部族（ヤーダヴァ）がフリル＝ミタンニ・エジプト王家の内紛に乗じて、我らクル族を同士討ちに駆りたて、クル族全体の没落をもたらす形で始まったのではないかと思う。

読者は、私がこのように書くと、日本のポイヤウンペ戦争とインドのバーラタ戦争が同じ時代の同じ戦争であることがまだ証明されてもいないのに、私は結論を急ぎすぎているのではないかと思うかもしれない。『ユーカラ』と『マハーバーラタ』のそれぞれに描かれた戦争の光景が似ていると言っても、それだけではこれらの戦争が同じものだと言えないのは当然である。けれども、私が、これらの戦争を同じ時代の、日本人の祖先に関係のある戦争とみなす理由は他にもある。ひとつにはこれらの戦争に登場する人物たちのアナグラムから、もうひとつはこれらの戦争の舞台から、そのように言えるのである。

ここでもう一度、さきの「ニタイパカイェ」の一節を読み直して、『ユーカラ』の登場人物を確認していただきたい。そこに記されたポイヤウンペやオトプシ、チウセレス、サンプツといった人物の名前の中に、何か決定的な鍵が秘められてはいないだろうか。

この中でポイヤウンペと戦った敵方の英雄のオトプシとチウセレスは、別なところでポイヤウンペの兄弟だったと語られている。サンプツは彼らの共通の伯父であり、〝爺〟はポイヤウンペの養父だったと言われている。この続柄は『マハーバーラタ』にも当てはまらないだろうか。

もしもこれらの英雄が『マハーバーラタ』の英雄と同一人物であれば、インドと日本で語り継がれた戦争は同じものだったと言える。そう考えて分析した結果は次のとおりだ。

まず最初に、オトプシ Otopusi の語順を入れ替えてできるオプトシ Oputosi の二番目のｐと三番目のｕ、六番目のｓは、言語学的にみてそれぞれｈ、ｏ、ｊと変化しても不思議ではない。オプトシ Oputosi はオホトジ Ohotoji のことだ。そしてこのオホトジに漢字を当てはめると、大（オホ）戸（ト）路（ジ）となる。大戸路の路は道のことだから、大戸路は大戸道と書き換えても問題はない。ということは、アイヌ神話のオトプシが日本神話の大戸道であり、インドの叙事詩に登場するユディシュティラ、ラーマと同一人物であったということになる。

次に、チウセレスの方はどうか。チウセレス Chiwseres のｒｅｓは、これまた言語学的にみてｙｅｓ、ｙöｚと置き換えることができる。つまりチウセレス Chiwseres はチウセエス Chiwseyöz でもある。このチウセエス Chiwseyöz の語順を入れ替えてみるとウキヂショ Wchizesyö となる。そして Wchizesyö はウヒヂショとも読める。このウヒヂショに漢字を当てはめると、泥土（ウヒヂ）煮（ショ）である。つまり、『ユーカラ』の英雄チウセレスは日本神話の泥土煮であり、『マハーバーラタ』の英雄アルジュナだったことがわかる。

アイヌの『ユーカラ』に登場する敵方の英雄、オトプシとチウセレスが『マハーバーラタ』の主役であるユディシュティラとアルジュナにそれぞれ対応していることは、『マハーバーラタ』でユディシュティラやアルジュナの敵として描かれたドゥリヨーダナが『ユーカラ』の英雄ポイヤウンペであったことを意味しているはずだが、この点はどうだろうか。

ポイヤウンペ Poyyaunpe は、ポン・フチの解釈によればポンヤウンペ Pon–yaun–pe、すなわち「小さな（ポン）・内陸の（ヤウン）・者（ペ）」という意味である。一方、門別町教育委員会発行の『アイヌの叙事詩』では、ポンヤウンペはポイヤウンペ Poyyaunpe となっている。ポイヤウンペがアイヌ語で何を表わしているかは人によってまちまちだが、それをひとまず〝ポイヤウン Poyyaun なる者〟とみて分析してみよう。

すると読者もおわかりのとおり、ポイヤウン Poyyaun のPの音はmになる。yの音がeやö、あるいはrやlになることはまったく問題がない。とすると、ポイヤウン Poyyaun はモエラウン Moöraun と置き換えることができる。そしてこのモエラウン Moöraun のアナグラムを考えてみるとどうだろうか。オモナル Omönaru という配列が導かれる。オモナル Omönaru が訛るとオモダル Omodaru だ。オモダル Omodaru に漢字を当てはめたのが面（オモ）足（ダル）であることは言うまでもない。

やはり、我々は、『ユーカラ』の英雄として日本のアイヌに古くから親しまれてきたポイヤウンペが日本神話の高天原の神、面足命であり、インドの『マハーバーラタ』に登場するクル王ドゥリヨーダナであったこと、『ラーマヤナ』の中で、〝魔王〟ラーヴァナとして悪役に仕立てられながら、その実は今もヒマラヤの奥地のデカン高原の南部で偉大な聖人として伝承されているラーヴァナであったことを確認できるのである。

「ニタイパカイェ」は、このポイヤウンペがオトプシやチウセレスと兄弟であったことを伝えているが、『マハーバーラタ』はドゥリヨーダナがユディシュティラやアルジュナの兄弟であったとハッキリ書いてはいない。しかし彼らもまた兄弟であったことは、前章の分析でわかっている。

我々はすでに、ドゥリヨーダナ＝面足がユディシュティラ＝大戸道やアルジュナ＝泥土煮と同じクンティー＝白清竜の腹から生まれながら、父親が違うため、幼い頃ドリタラーシュトラ＝国常立のもとに〝養子〟として預けられた〝実の子〟、つまりクンティーがドリタラーシュトラを誘惑して生んだ〝隠し子〟であったことを知っている。

『ユーカラ』では、このドリタラーシュトラに相当する人物が〝爺〟として登場する。〝爺〟はポイヤウンペを幼い頃に連れ去った〝魔神〟として描かれたりしているが、これは、右のような複雑な事情がのちになって忘れられ、アイヌの伝承が変質したものにちがいない。

というのは、ポイヤウンペの父親は、ポイヤウンペがドゥリヨーダナであるなら、ドゥリヨーダナの父親のドリタラーシュトラのことを指している。そしてドリタラーシュトラ＝国常立は、国常立をクントコリフと読めば、そのアナグラムから、魔神とはほど遠いアイヌの聖なる神コタンカラになることが言えるからである（Kuntokorih ～ Kantokarah ～ Kotankhara ～ Kotankara）。

「ニタイパカイェ」には以上の四人の他に、サンプツヒコが登場する。彼は、ポイヤウンペとオトプシ、チウセレスの共通の伯父である。一方、『マハーバーラタ』にも、ドゥリヨーダナとユディシュティラ、アルジュナの共通の伯父として、ビーシュマという人物が登場する。

サンプツ Sanput とビーシュマ Bhīṣma は、一見すると別々の人物のようにみえる。けれども、

Sanput の n、p、u はそれぞれ m、b、i にたやすく置き換わる音だし、t の音は t〜d〜g〜h の経過で h に変化することが考えられる。とすると、ポイヤウンペ兄弟の伯父にあたるサンプツもまた、ドゥリヨーダナ兄弟の伯父にあたるビーシュマに対応していることが、アナグラム分析によって確かめられるのである（Sanput〜Sambid〜Simdba〜Simgba〜Simbha〜Bhisma）。

もはや読者は、私がバーラタ戦争とポイヤウンペ戦争は同じものだったと結論しても少しもおかしいとは思わないだろう。

日本の叙事詩『ユーカラ』に伝承されたポイヤウンペ戦争がインドの叙事詩に描かれたバーラタ戦争と同じものであったことは、以上のように、「ニタイパカイェ」の登場人物すべてが、名前から見ても、続柄から見ても、『マハーバーラタ』の英雄たちと一致することから明らかである。

バーラタ戦争とポイヤウンペ戦争の舞台を比較する

しかし、このことはまた、別の角度からも慎重に検討してみなければならない。なぜなら、これらふたつの戦争が同じものだということは、基本的にポイヤウンペ戦争の舞台とバーラタ戦争の舞台が同じものであったことを意味しているはずだが、はたしてそのようなことが具体的に言えるかどうか。

『マハーバーラタ』によれば、この戦争はその当時ドゥリヨーダナ（日本の面足命）の都があったインドのハスティナープラのあたり、〝ふたつの大河〟にはさまれたクル・クシェートラの平原を主戦場として戦われたことになっているが、日本の『ユーカラ』でも同じようなことが伝えられているかどうか、ここのところをよく確かめてみなければならない。

もしも『ユーカラ』に物語られたいくつかの戦場が『マハーバーラタ』の戦場と一致するなら、私の結論は二重、三重にも確かめられたことになり、日本人の祖先がインドの高天原（デカン高原）にいたことや、クル・クシュートラの戦いに巻き込まれてアーリア人に不覚をとったことがハッキリする。しかし、『ユーカラ』のどの場所も『マハーバーラタ』に登場しないなら、私が見つけた両者の対応関係はもう一度考えなおす必要がある。

これまでの研究者は、バーラタ戦争が起こったのはアーリア人がインドに侵入した頃だという点で完全に一致しているが、その時期や具体的な場所は明らかにしていない。また、バーラタ戦争が日本に伝わる『ユーカラ』の戦争と同じものであり、ポイヤウンペが戦った相手はアーリア人であるとか、ポイヤウンペ戦争の主戦場はインドのクル・クシュートラだった、ポイヤウンペの都はインドのハスティナープラにあった、などとは誰も言っていない。それだけに、読者もよくよくこの点を疑ってかからなければならない。

はたして、日本の『ユーカラ』にアーリア人が登場するかどうか、ポイヤウンペの城はインドのハスティナープラにあったかどうか、ポイヤウンペ戦争の舞台はインドのクル・クシェートラだったかどうか、読者も、〝オマンペシ・ウン・マツ〟（長い崖をなして海に突き出した半島に住む女／

ポイヤウンペの心強い味方）と呼ばれる『ユーカラ』の一節を読んで、私といっしょに考えてみてほしい。

①　ずっと昔に、あなた（ポイヤウンペ）の父親とあなたの母親とがカムイの世界へ去ってしまったその後で、海の向こうに住む人々（レプンクル・ウタリ）はどうにかして、なんとかしてあなたを殺してしまえば、岬の断崖に立つ要害のとりで（ペソルン・チャシ）の内ふところにある宝物を、海の向こうに住む人々の国に、海を越して運び入れようとたくらんで、トミサンペッツに戦争を上陸させてきたのです。……

海の向こうに住む者ども、いくつもの海の彼方の国々はこぞって立ちあがり、攻めよせて来て、私たちの住むこの村（オマンペシ）に海を越えて上陸し、私の兄（オマンペシウンクル）を戦さにいざないました。

私の兄は、最初には断り拒みながらも、二度刀をぬきかけられ、三度刀をぬきかけられ脅し続けられると、とうとう心が折れて承知してしまい、戦士たちばかりが私たちの住むこの家により集まり、トミサンペツ、シヌタプカに烈しい戦さ、すさまじい戦いを海から向けていこうとし、まずその前にカムイノミするとて、今晩、酒盛りをしているのです。

②　これより物音ひそめた風の息吹きの上に乗って飛び立ち、大地の起伏の上をどこに向かって

行くものか、我が耳元は風を切ってヒュウヒュウと鳴る。

いくつもの海を越えて飛び行くそのはてに、目の行く先を見たところ、いかなる世界であるものか、この広い大地が私（ポイヤウンペ）に向かって身を高くもたげてくる様子ゆえ、ひたすら陸地に向かって飛んで行き、見れば……オマンペシコタンであるらしく、この大きな集落の浜手の村、山手の村は六つの列となっていくえにもあい重なり、村々のおもては平らかに見えわたる。

村々の低みを向いて見わたせば、なんとあきれたもの、おどろくべし！　いったい何事のありさまであろうことか、まさにこの村、村々の低き浜辺には戦さ船があがり……戦さにそなえた仮小屋ども、仮小屋どものおもてが広く見えわたる。

……真夜中ではありながら、村々の背後にそびえたつ山岳のまっただ中に進み行き、目の行く先をながめれば、山の平らな頂にこの大きな家が立っている……家の内ふところはこれぞ酒盛りの席が長々と連なり……アドイヤウンクル（海の向こうの陸地に住む人）、我が前の戦さのその仇敵（かたき）が、立派な有様となってシントコのうしろに座している。

ひき続いてエサンノツウンクル（海に突き出た岬に住む人）、シラルペツウンクル（岩川のほとりに住む人）、カニペツウンクル（黄金の川のほとりに住む人）、ポンチュプカウンクル（東に住む小さな人）、私がかつて戦ったその相手、その仇敵の者ども……別人のような顔つきをあいそなえ、優れた様子でひざをあい並べ座している。

（知里幸恵ローマ字筆録／ポン・フチ訳／新泉社
『アイヌ語は生きている』所収／括弧の中は著者の付加）

③

私（ポイヤウンペ）はトミサンペツの城に住んでいましたが、ある年どこからともなく、八か国の者どもが集まって攻めて来る支度をしていると聞きました。そこで雲に乗って海また海を越えて飛んで行くと、アヅィヤコタンに着きました。

見るとコタンの真中に大きな城があるので、その側へ近寄って東窓の窓掛けのすき間から大きな目をあけてのぞきました。なるほど八か国の勇士たちが上座に肩を並べて座り、酒を飲みながら、「明日はこうやってポイヤウンペを切るんだ」と腕を伸ばしたり腕を引いたりしています。

④

ある日のこと、私（ポイヤウンペ）のいる城の上（北）の方で声がして、「近頃、ケムカカリプという美女がゾニポク、ウララ山に暗国の勇士たちを集め、虹の輪を投げて、『これを切った人と結婚する』と言っている。

しかし、いまだに誰一人として、それを切るのに成功した者はなく、みんなイェニセイへ落ちては死んでいる」と言っていました。

それを聞いて、私は雲に乗って飛び、海を越え、山を越えて行ってみました。すると大きな滝の上から女が虹の輪を投げつけ、その輪を切ろうとする勇士が切りそこなっては滝に落ちて死んでいます。

そこで私は集まっている勇士たちの間に入って見ていると、目の前へ輪が飛んできたので、一刀のもとに切り落としました。それからその性の悪い女も切り捨ててしまおうと見ると、なんと私の妹でした。父は同じですが、その母の方が天に住んでいる母違いの妹なのです。

その女（アトゥイヤ姫）は、ものすごい女で、追っかけてみたけれど、飛んで行ったのか、どこかへ行ったのか、まったくわからなくなってしまいました。それからしばらくして、この女が三国の武者たちを集めて、「ポイヤウンペを切って下さい」とみんなに頼み、いよいよ明日にも押しよせて来るそうだと聞きました。

そこで私はまた海を越えて飛んで行き、アヅィヤコタンに着きました。そこの大きな城の中をのぞいてみると、大勢の武者たちが肩を並べて座り、みんなで酒盛りをしていました。

（浅井亨編『アイヌの昔話』／括弧の中は著者の付加）

英雄ポイヤウンペの城はハスティナープラにあった！

右の四つの引用文からただちにわかるのは、ポイヤウンペのいたトミサンペツとオマンペシコタン、アトゥイヤコタンの間には「いくつもの、いくつもの海」があって、アトゥイヤコタン（海の向こうの国）は、北海道の対岸にある樺太や沿海州、あるいは本州島を指すとは思われないことである。

②と④の引用文によれば、ポイヤウンペ戦争は少なくとも二回にわたって別々の場所で戦われたことがわかるが（②「わが前の戦さ」④アトゥイヤ姫との二度にわたる戦い）、④の引用文に前半の戦いがあった場所と記されている〝ウララ山〟と〝イェニセイ〟は、〝暗国の勇士〟、すなわち北極圏・ツンドラ地方の勇者（北欧ゲルマン系の人々）が駆けつけたところと言われているので、すなおに理解すれば、ソ連のウラル山脈とイェニセイ川の流域を指している。

②の引用文に見えるカニペッツ（カニ川）やエサンノッツ（海に突き出た岬）、シラルペッツ（シラル川）は、〝ウララ山〟がウラル山脈を指しているとすれば、おそらくウラル山脈の北にあるカニン半島方面へ流れていた昔のボルガ川や北海に突き出たスカンジナビア半島、ウラル山脈の南を流れるシルダリア（シル川）を指していると考えられる。

そして、④の引用文に〝ウララ山〟と〝イェニセイ〟がポイヤウンペのいたトミサンペッツの城の〝上〟にあったと記されていることは、彼の城がウラル～イェニセイ地域を〝北〟に遠望する土地、すなわちインド方面にあったことを何よりもはっきり示している。というのも、アイヌ語では〝北と南〟を〝上と下〟で表わし、〝東と西〟を〝左と右〟で表わす習慣があって、トミサンペッツの〝北〟に位置するウラル～イェニセイ地域は〝上〟と表現されたことが考えられるからである。

『ユーカラ』がポイヤウンペの城はインド方面にあったと伝えていることが事実であれば、②と④

の文に示されたポイヤウンペ戦争の後半の戦いは、ポイヤウンペがウラル山脈からインド方面に向かった時の〝右手〟にあたるインドの〝西〟の地、アラビア半島がひとつの舞台になったと考えられる。オマーンに今もその名の一部をとどめるオマンペシ（長い崖をなして海に突出した半島）とは、アラビア半島を指しているにちがいない。そのことは、次の『ユーカラ』を読んでみると、おのずからわかってくる（括弧の中は著者の解釈）。

⑤　カムイの作ったシンタは、この大きな海（太平洋）の上空を、真の沖の彼方の国（ユーラシア大陸）に向かって飛んで行く。

自分の下の方をながめると、レプンクルの海（大西洋）とヤウンクルの海（太平洋）と海と海のあわせめ（北極海）を私は通り過ぎて飛んで行けば……カムイの作った川地（いくつもの大河が注ぐシベリアの大地）、カムイの作った沢山（イェニセイ川やオビ川の上流にある山）、地肌の崩れた岩山（ウラル山脈・アルタイ山脈）、高く険しい山々（チベット・ヒマラヤ山脈）が大空の中そびえ立っている。

そのまっただ中にシンタを駆って飛んで行くと　カムイの作った大地の西の方に、この大きい砂浜（アラビア半島）の入江（ペルシャ湾）があった。

そうしたところが砂地の入江の上（ペルシャ湾の北岸）に、レプンクルの者どもが、男であれ、女であれ、戦いの身じたくをし、戦争の準備をし、砂浜の入江の上におびただしい鳥の群れが地におりとまっている有様さながらだ。……

（『アイヌ語は生きている』所収）

私はさきに、バーラタ戦争の頃インドに侵入したアーリア人はヒッタイト系（ヨーロッパ・ゲルマン系）のアッシリア人だと述べたが、彼らが紀元前八世紀にペルシャ湾・インド方面に進出したことは、サルゴン大王（紀元前七二二〜七〇六年在位）の碑文に、ペルシャ湾のバーレーン島からインドのロータルにかけての地域を表わす〝ティルムン〟を征服したと記されているので確かな事実である。

とすると、このバーラタ戦争と同じ時期に発生したポイヤウンペ戦争に登場するオマンペシの王は、ほぼまちがいなく当時のアラビア半島とペルシャ湾地方を支配していたマハンの王だったことになる。そして、このオマンペシ王をそそのかしてペルシャ湾の北岸に大軍を結集したアトゥイヤ王とは、サルゴン以前の時代に北方諸族（ゲルマン人、スラヴ人、ギリシャ人の祖先）を動員してエジプトとメソポタミア、インドに侵入をくわだてたヒッタイト系のアッシリア王だったと考えることができる。このことは、アトゥイヤ Athuya の th が ss に変わり、u が i に、ふたつの y の内のひとつが r に変わればアッシリア Assyria になることから、アナグラム的にも裏づけられる。

しかも、⑤の引用文から得られた知識に基づけば、アトゥイヤ Athuya の人々は、どうやら、プラトンが『ティマイオス』と『クリティアス』の中で述べた海神ポセイドーンの民、ポセイドーンの子ナウプリオスをその同族とするアトランティスAtlantisの人々だったらしい。というより、今から一万二千年前にギリシャやエジプトに住む先住民（我々日本人の祖先）を攻撃した伝説のアトランティス王とは、歴史的にみれば紀元前八世紀のアッシリア王、すなわち『ユーカラ』のアトゥイヤ王だったと言えるのである。

今や我々は、以上のような分析に基づいて総合判断すれば、『ユーカラ』の英雄ポイヤウンペの城があったトミサンペツは、第六代高天原王の面足、すなわち『マハーバーラタ』のドゥリヨーダナがいたインドのハスティナープラにあっただろうと推測できる。

そして事実、アイヌ語で〝光が降る川〟とか〝軍勢(トミ)が下る(サン)川(ペツ)〟と解されているこのトミサン川(ペツ)のトミサンTomisanは、mの音がpからhに変わり、oの音がaに変わってできたタヒサンTahisanのアナグラムがハスティナHastinaとなることによって、穂千田＝ハスティナと呼ばれた面足、すなわちドゥリヨーダナのことを指しており、ポイヤウンペの都トミサンペツのシヌタプカはドゥリヨーダナの都ハスティナープラであったと言えるのだ。

ペルソン城(チャシ)にあった〝ティルムンの宝〟

ポイヤウンペの王城がインドのハスティナープラにあったというのは、ポイヤウンペがドゥリヨーダナと同一人物であったことを知った時点である程度予想できたことだが、それにしても意外である。しかし、この意外な結論は、『ユーカラ』に登場する別の都市もまたインドにあったと言えることによって、確かな事実とみなさなければならない。

我々は、①と③の引用文から、やがてアトゥイヤ王（すなわちアーリア＝アッシリアの王）に率いられた八か国の軍勢が〝岬の断崖に立つ要害のとりで＝ペソルン城(チャシ)〟に攻め寄せたことを知りうるが、そのペソルン城とは、インドのカーティアワル半島の南端にあった要害の地ジュナガード、つまり読者もすでにご存知の第五代高天原王ユディシュティラ＝大戸道がかつていたプラバス・パタンの都だったのである（第5章参照）。

ここで読者は、ただちにペソルンPesorumのアナグラムがプラバスPrabhasになることを確認してみるとよい。ペソルンPesorumのeとoがaに変わり、uがhに、mがpからbに変わることは、言語学的にみてまったく問題がない（Pesorum～Pasarhb～Prabhas）。ペソルンとはプラバス・パタンのことだった。

『ユーカラ』に伝承されたペソルン城(チャシ)、すなわちインドのカーティアワル半島ジュナガード地区にあった〝月の王(ソームナート)〟の都は、かつてこの半島のつけねにあったインダス文明の国際港ロータルからペルシャ湾のバーレーンへ、そしてメソポタミアのバビロンへと向かった〝ティルムン〟の船の動きを完全に掌握できる位置にある。

今となっては、この城にどれだけの富が蓄積されていたか測り知ることはできないが、①の引用文で、オマンペシ姫がポイヤウンペにこう語っているのを見れば、さぞかし貴重な宝がここにあっ

バーラタ＝ポイヤウンペ戦争における「暗国の勇士」の侵入経路

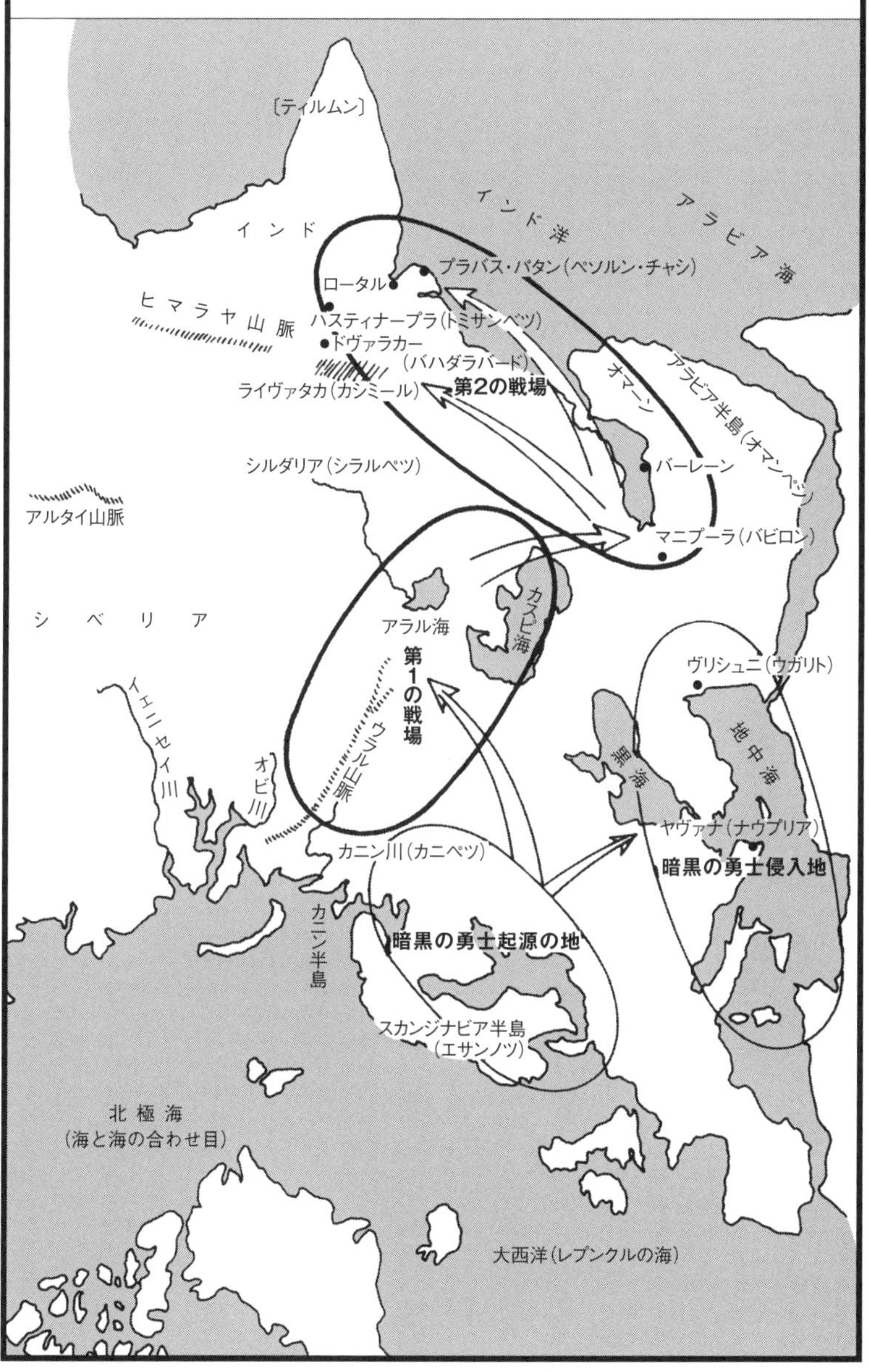

たのだろうと思われる。「海の向こうにいるレプンクルの人々は、あなたを殺してしまえばペソルン城の奥にある大切な宝物を手に入れられる、とたくらんでトミサンペツに戦争をしかけてきたのです」

はたして、その大切な宝物、〝クルの宝〟とはなんだったのか。今のところ私にはわからないけれども、ポイヤウンペ＝バーラタ戦争があった紀元前八世紀にアトゥイヤ＝アーリア＝アッシリアの王が〝ティルムンの宝〟を求めてインドに侵入し、クルの神々が築きあげてきた高天原文明にとり返しのつかない破滅をもたらした、ということだけは確かな事実のように思われる。

第8章 いま黄泉（よみ）がえる古代日本のクル文明

常識を超えた古代クル族の高度な文明

私は大学を卒業してまもない頃、初めて『マハーバーラタ』を読んだ時、そこに描かれた古代の戦争の光景があまりにも現代的なので、正直に言って、とてもショックを受けた。

私が読んだテキストは、インドのサンスクリット学者チャンドラ・ロイが今から百年以上前（一八八四〜一八九六年）に英訳した十二巻本の復刻本（一九七〇〜一九七五年）で、私自身がニューデリーから直接取り寄せたものだが、そこに書かれていることは、百年前にサンスクリット語から英語に翻訳されたものとはとても思えなかった。

というのは、『マハーバーラタ』には、第二次世界大戦で初めてその恐ろしさがわかった原子爆弾の話や、ライト兄弟の飛行機とは比べものにならないほど高性能の飛行機械の話が出てくるからである。いや、それだけではない。そこには、これまでに開発されたどんな兵器よりも破壊的な武器やレーザー兵器、スペースシャトルすら色あせて見える各種の宇宙船、あるいは、それ自体がひとつの星とも言える巨大な宇宙船や宇宙都市の話さえ登場するのである。

私は小さい頃から神話や伝説が好きで、わけもわからず世界各地の古代の物語を読んできた。そのあげくに『マハーバーラタ』を読んでみたのだが、そこに書いてあることは、今から二千年以上前のものとは思えないほど現代的で、自分の目と頭を疑ってみたほどである。

もしも古代に核兵器や宇宙船があったとしたら、我々が学校で教わっている文明の歴史や科学の成果とはいったいなんなのか。

我々は、新聞やテレビでいつも〝人類史上初めて〟の発明や発見を知らされ、教科書では、人間はサルから進化したとか、歴史は石器時代から青銅器、鉄器時代を経て現在の原子力時代になったと教えられているが、それははたして本当なのだろうか。

今の教育では、とにかく、すばらしいものは全部、欧米の近代科学の成果であり、世界各地の神話や伝説は荒唐無稽な作り話でなんの意味ももたず、日本や中国、インドの古典はやたらに難しいだけで、読んでもなんのメリットもないと思ってしまうが、それでは『マハーバーラタ』に書いてあることはなんなのか。

そこには、欧米の最先端の科学でさえまだ完全に作り上げてはいない〝ヴィマナ〟と呼ばれる未確認飛行物体のことが書かれているし、『ヴィマニカ・シャストラ』には、この未確認飛行物体の構造や性能、操作法が書かれている。『サブハ・パルヴァン』には、古代の宇宙ステーションや宇宙都市の構造、規模、特徴が書かれている。

『マハーバーラタ』には、欧米や日本の科学者が今必死になって追求しているものがすべて書かれている。現在の世界にあるもので古代のインドになかったものはなく、やがて実現するもので古代世界になかったものはないのである。

私は、最初の内、そんなバカなことがあるはずはない、『マハーバーラタ』はクリシュナ・ドヴ

イギリスの宇宙考古学者、ダヴェンポートらが現代のテクノロジー知識を基に描いたヴィマナの想像図

アイパーヤナという作者に代表されるなん人かの天才たちが、人間のもっている空想力や創作力を極限まで生かしてまとめあげたものだろう、そこに描かれた古代のクル族の輝かしい文明の成果や恐るべき戦争と異変の光景は実際にあったことではなく、すべて壮大なフィクションとして創り上げられたものだろう、と思っていた。

けれども、そのあと読んだどの本と比べても、それ以前に読んだどの本と比べても、『マハーバーラタ』ほどスケールが雄大で内容が高度なもの、科学的にみても、歴史的にみても、これほど興味深く、今なお意味のある本は他にない。この叙事詩は、今はやりのSF小説でも歴史小説でもないのに、それ以上にSF的であり、現実的である。

インド人が、「この説話を一度でも耳にした人は、それ以外のどんな価値ある話を聞いても、もはやこの話以上に興味をもつことはない」と言っているのは本当だし、単なるフィクションでは二千年以上も大切に伝えられるはずがない。ましてや、そこに書かれた遠い昔の科学技術に関わる話が今でも意味をもつということはありえない。

結局のところ、私は、近代のたかだか二百年の伝統しかもたない欧米の科学や歴史の見方より、『マハーバーラタ』に記された世界のとらえ方、歴史の見方のほうが正しいのではないかと思うようになった（そのような私の見方の一部は、自由国民社から出版した『諸世紀の秘密』や『謎のアガルタ宇宙文明』の中ですでに紹介したとおりである）。

ところが、である。私はその後『マハーバーラタ』をなん回か読んでいる内に、またもや大きなショックを受けた。

私はそれまで、この叙事詩に書かれていることは遠い昔のインドで起こったことだ、そこに書いてあることは我々の祖先とは何の関係もないことだ、そこに描かれたクル族の文明は確かにすばらしいものだし、彼らが迎えた破局は確かに痛ましいものにはちがいなかったが、それが我々日本人の祖先のことだとは思ってもみなかった。

それなのに、どうだろう。日本人のルーツを調べ、日本の有力氏族の祖先がインドにいたことを突きとめ、日本の高天原の神々をインドの叙事詩の英雄たちと見比べてみると、『マハーバーラタ』に描かれたクル族は、なんと、我々日本人の祖先ではないか、そこに記された戦争でほとんど全滅したと言われるクル族、バーラタ戦争以前に世界各地に今よりさらに進んだ都市文明を築きあげていたクル族とは、我々自身の祖先ではなかったか、ということに気づいたのである。

世界各地で活躍していた日本人の祖先〝クル族〟

読者は、『新撰姓氏録』に記された高天原の神々が紀元前八世紀のインドにいたことを今でも信じられないかもしれないが、これはまちがいない事実なのである。

たとえば、第4章のはじめに紹介した恩智さんは「高魂命児伊久魂命」の子孫だと記されている。その伊久魂をイクムスビと読めば、イクムスビIkumusubiは、『マハーバーラタ』に登場するドリタラーシュトラやパーンドゥの兄のビーシュマBhīsma～Bhiishumaと同一人物だったことがわかる。

これは、ビーシュマBhiishumaのアナグラム、イフマシュビIhumashbiを考えてみればわかる。イフマシュビがイクマスビIkumasubi、イクムスビIkumusubiと訛ったものに伊（イ）久（ク）魂（ムスビ）という漢字を当てはめたのが、恩智さんのご先祖の伊久魂命である。

また、『新撰姓氏録』には斎部さんのご先祖が「高皇産霊尊子天太玉命」と書かれているが、この太玉命は、ドリタラーシュトラの別名であるナヴダートリNavdatoliのlの音が脱落し、vがf、nがm、iがuに変化したマフダトウMafdatouのアナグラム、フトダマFutodamaを、太（フト）玉（ダマ）という漢字で表わしたものである。

小山さんのご先祖である「高御魂命子櫛玉命」の櫛玉（シッダマ）にしても、パーンドゥの別名であるネワーサNevasaのnがd、eがi、vがmに変わったディマサDimasaのアナグラム、シダマSidamaに櫛（シ）玉（ダマ）という漢字を当てはめたものだ。

これまで『宮下文書』に記された農立＝ナヴダートリや農佐＝ネワーサは、由緒正しい『新撰姓氏録』にその名前が見当たらないのでイカガワシイ人物とみなされてきたが、『新撰姓氏録』に載っていないと思ったのは大マチガイで、よく読めば〝太玉〟や〝櫛玉〟という別の漢字名でちゃんと記されているのだ。

波多さんのご先祖の「高彌牟須比命孫治身」や、玉作さんのご先祖の「高魂命孫天明玉命」もまた、そのインド名はアルジュナであり、ヴィカルナである。このことはアルジュナArjunaのアナグラムがナアルジュNaarjuになり、ヴィカルナVikarnaのアナグラムがアカルニヴAkarnivになることからただちにわかる。ナアルジュNaarjuのaがoになり、juがsinに変化したナオルシンNaorsinに漢字を当てはめたものが治身で、アカルニヴAkarnivのniがdaに、vがmに変化したアカルダムAkardamに漢字を当てはめたものが明玉になることは言うまでもない。

『新撰姓氏録』に「高御魂尊孫天神立命之後」と記された役直や、「高魂命孫天日鷲翔矢命之後」と記された弓削宿禰の祖先の〝神立〟と〝天日鷲翔矢〟が、『マハーバーラタ』に記された英雄ユディシュティラYudiṣṭhira～YudhiṭṭhilaとドゥリヨーダナDuryodhanaであったことは、これまたそれぞれのアナグラムを考えればハッキリしてくる。

つまり、ユディシュティラからlの音が落ちたユディッティアYudhitthiaのアナグラム、ハドゥイティティ Haduytithi のhがkになり、dがn〜mになり、tiがtaに、thiがtuに変化したカムイタツ kamuytatu に神（カムイ）立（タツ）の漢字を当てはめたものが神立命であり、ドゥリヨーダナ Duryodhana のアナグラム、アンハデュデュルヨ Anhadudryo のanがamに、haがhiに、duがjuに、drがzyoに、そしてyoがyaに変化したアムヒジュショウヤ Amhijuzyoya に天（アム）日（ヒ）鷲（ジュ）翔（ショウ）矢（ヤ）の漢字を当てはめたものが天日鷲翔矢命なのである。

『新撰姓氏録』に記されたこれ以外の神々を含む我々日本人の祖先の多くが、『マハーバーラタ』に記された古代インドのクル族の英雄たちとこのようにいくえにも、いくえにも完全に対応していることは、我々日本人の祖先がかつて世界各地にすばらしい都市文明を築いたと言われるインドのクル族であった、ということを疑問の余地なく示している。

欧米の学者はこのクル族が古代のアフリカやメソポタミア、地中海沿岸各地で活躍したプール人（フラニ人）、フルリ人、カーリア人とつながりがあり、彼らがその昔、インドから中近東、アフリカまで広がったインダス文明の建設者＝ドラヴィダ人であったことや、アーリア人の侵入によって東方に大移動を余儀なくされた地中海人種であったことを断片的に明らかにしているが、そのクル族が我々日本人の祖先だったとは夢にも思っていない。そのため、インドのドラヴィダ＝クル文明が崩壊したのは〝アーリア人〟がインドに侵入した紀元前一五〇〇年頃のことだ、と想像してきた。

しかし、このような年代観は、よくよく考えてみると何も確実なインドの年代記に基づくものではないし、紀元前十五世紀の同時代資料によっても裏づけられていない仮説であって、実際にインドの歴史と伝説を日本や中国、オリエント各地の記録とつき合わせてみると、我々の祖先であるクル族がかつての栄光を失ったのは紀元前八世紀のバーラタ＝ポイヤウンペ戦争（トロイ戦争）以後であった、ということがハッキリしている（第6・7章参照）。

これまでほとんどその実体がわからず、欧米の通俗書で紀元前十五世紀から紀元前十三世紀に活躍したと説かれてきた〝アーリア人〟の正体は、私自身がインドの古代碑文と叙事詩などを調べた結果によれば、紀元前八世紀から紀元前七世紀に活躍したヒッタイト系のアッシリア人で、彼らがこの時期にエジプトやメソポタミア、ギリシャに侵入したことは、ヴェリコフスキーをはじめとする欧米の一流の専門家によってもすでに証明されているのである（この点については、私自身が『世紀末の黙示録』というタイトルで訳したヴェリコフスキーのすばらしい著作『オイディプスとアクナトン』自由国民社刊をぜひお読みいただきたい。この本の中で彼は、これまで紀元前十四世紀のエジプト王とみられてきたアクナトンが実際には前九世紀末の王であり、ギリシャ伝説の英雄オイディプスのモデルであったことを実に見事に証明している）。

日本神話の大苫辺（おほとまべ）はテーベ王朝最後の王女ベケトアメンだった！

私がこのようなことに気づいた直接のきっかけは、『マハーバーラタ』でさんざん悪く言われているドゥリヨーダナや、ドゥリヨーダナと一緒に全滅したと伝えられるクル族がまるで自分のことのように不憫に思われ、しかもこのドゥリヨーダナがトロイ戦争で倒れた英雄パリス、あの美しいヘレネーとともにスパルタを脱出したアレクサンドロス・パリスの面影に何となく似ていると思ったからである。このふたりの名前をアナグラミングした結果は実に意外だった。

その時までに、私はエジプトのツタンカーメン Tutankhamen（Tutankhrā）とその兄スメンカラー Smenkkara、妹のアンケセンアメン Ankhesenamen とメリトアメン Meritamen などが、前九世紀末のテーベ戦争で亡くなったギリシャ伝説の英雄エテオクレース Eteokles とポリュネイケース Polyneikes、イスメーネー Ismene とアンティゴネー Antigone などに変身したのはアナグラムの結果だとわかってはいた。

けれども私は、トロイの英雄アレクサンドロス Alexandros（Alexander）がハスティナープラの英雄ドゥリヨーダナ Duryodhana のアナグラムである、ということになかなか気づかなかった。

ところが、読者もテストしてみてほしいのだが、ドゥリヨーダナ Duryodhana の y は、テーベ王朝最後のファラオ、アイ Ay がギリシャでイーロス Ilos に変化している例に基づけば l に置き換えることができる。d（ヅ）が z（ズ）になったり、h（フ）が k（ク）～g（グ）に変わるのはよくあることだ。母音の u や o が e に変わるのは、それよりもっとよくあることだ。ということで、ドゥリヨーダナ Duryodhana はデルレズガナ Derlezgana に置き換えられる、ということにたまたま気づいた。

そこで次にこのデルレズガナ Derlezgana のアナグラムを考えてみると、どうだろう、アレグザンデル Alegzander となる。アレグザンデルと言えば、アレクサンダー Alexander、アレクサンドロス Alexandros のことだ。我々がホメーロスの叙事詩『イーリアス』によって知っているトロイアの英雄アレクサンドロス、〝輝きわたる太陽のごとく〟〝神とも見まごうばかりに美しい〟トロイの英雄アレクサンダーは、インドのハスティナープラにあって世界を治めた〝大いなるバーラタ〟、我らクル族の偉大なる王ドゥリヨーダナのことだったのだ。

このドゥリヨーダナが日本神話の面足命であり、ユーカラの英雄ポイヤウンペであったことは読者もすでにご存知である。そしてさきほど読者は、このドゥリヨーダナが『新撰姓氏録』に記された〝天日鷲翔矢命〟その人であることを知った。

読者は今のところ、この〝天日鷲翔矢命〟の祖父の〝高皇産霊尊〟がエジプト・テーベ王朝の最後の王アイであり、アイが息子たちとともにテーベ戦争で陥落した都からインドのハスティナープラに脱出したことはよく知らない。もちろん私もその時まではそうだった。

ところが、トロイのアレクサンドロスがドゥリヨーダナのことだとわかってみると、次にはアレクサンドロスとともにトロイ（ハスティナープラ）へ向かったヘレネーが、はたして本当に『マハーバーラタ』のドラウパディーなのか、気になりだした。

そこでヘレネーの身元を洗ってみると、彼女はスパルタ王テュンダレオースのもとで育ったゼウスとレーダーの娘である、とアポロドーロスは書いている。一方『マハーバーラタ』は、ドラウパディーがパンチャーラ王ドルパダの娘だと伝えている。

ヘレネーの養父がスパルタ王で、ドラウパディーの父親がドルパダ王だということは何を意味しているだろうか。スパルタSpartaがズパルタZparta、ヅパルダDpardaと訛った言葉のアナグラムを考えてみると、ヅパルダDpardaはヅルパダDrpada～ドルパダDrupadaにならないだろうか。ギリシャの美女とインドの美女は、もともと同じ王に育てられたことが考えられる。

しかも、読者はすでにドラウパディーが日本神話の大苫辺と同じ人物だとわかっている。この〝大苫辺〟をオホトマベOhotomabeと読んでそのアナグラムを考えれば、オホトマベはベホトアムーBehotamooになるではないか。

私はエジプトのテーベ王朝の歴史を調べている内に、一方で、このベホトアムーが、ツタンカーメンの父親のアクナトン（別名ナフリアNafria）とその母親ティイTy（タエTaye）の間に生まれた王女ベケトアメンBeketamenの名前が訛ったものであることに気づいた。

薄幸の美女ベケトアメンは、父親のアクナトンがその罪を問われてギリシャに追放された時、父親とともにギリシャのスパルタに亡命した。そしてこのスパルタでアクナトンはゼウスとみなされ、母親のタエはレーダーとみなされたらしいのだ。

そこでこの点を調べてみると、ヘレネーHeleneはエジプト語で〝美女〟を意味するNfr（ネフェルNefere）のアナグラムである。タエTayeのtがdに変わり、yがlに変わったダレDaleのアナグラムはレダ～レーダーLedaになる。さらにまたアクナトンの別名ナフリアNafriaのrの音が落ちて、nがdに、fがvに変化し、これに母音変化をともなったものがデーヴァDeva、つまりギリシャ神話のゼウスZeusになる（すべてのゼウスがアクナトンをモデルにしたわけではないが、デーヴァがゼウスと同じであることは、印欧言語学者に広く認められている）。

これらの事実やその他のデータを総合してみると、テーベ王朝最後の王女ベケトアメンがスパルタにいたことはほとんどまちがいない。

こうして私は、トロイ戦争の原因となったギリシャの美女ヘレネーが、実はバーラタ戦争の原因

父アクナトン（ゼウス）と母ティイ（レーダー）のうしろに従うベケトアメン（大苫辺＝ドラウパディ＝ヘレネー）

となったインドの美女ドラウパディーであったこと、しかもそのヘレネーやドラウパディーのモデルになったのが日本神話の高天原の美女〝大苫辺(おほとまべ)〟であり、彼女はアクナトンとツタンカーメンの死後、エジプト・テーベ王朝の正統な後継者を決定する鍵を握ったオウド・デーヴィー（都の女神）としてバーラタ＝トロイ戦争のヒロインになったことを突きとめたのである。

エジプトのテーベ王朝に遡る高天原の神々の系譜

私にとってそれまでは遠い国だったギリシャやインドの伝説がこのように日本神話と結びつき、インドの高天原で活躍した我々の祖先が『新撰姓氏録』にズラリと並んでその出番を待っているらしいとは、まったく予期せぬ出来事だった。

しかも、ここで何よりも重要なのは、これまでお互いにつながりがないと考えられてきたこれらの神話や伝説、叙事詩や『新撰姓氏録』の記事が今やひとつにつながり、そこで活躍した我々日本人の祖先、クルの大いなる神々がエジプトの歴史、インドの歴史に確固と名をとどめる実在の人物としてよみがえり始めたことである。

たとえば、我々はこれまで『新撰姓氏録』に載っている〝高皇産霊尊〟について、いつ、どこで活躍した神であるかを知らず、いろいろな空想をしてきた。

けれどもこの〝高皇産霊尊〟は、『宮下文書』によれば、〝天常立〟にはじまる次のような神々の系図の最後に位置し、〝国常立〟にはじまるインドの高天原の神々の祖神と言われている人物だ。その〝高皇産霊尊〟に至る十一代の神々の名前を、まず下段に示したエジプト・テーベ王朝の十一代のファラオの名前と見比べてみてほしい。

第一代	天常立比古神 （神農比古神）	アメンホテップ一世 （ジムヌ）
第二代	天之御柱立神	トトメス一世
第三代	天之木合比女神	ハトシェプスト女王
第四代	天之草奈男神	トトメス三世
第五代	天之土奈男神	アメンホテップ二世
第六代	天之火明男神	トトメス四世
第七代	天之水男神	アメンホテップ三世（ニンムリア）
第八代	天之金山男神 （農谷比古神）	アメンホテップ四世（イクエンアテン） （ナフリア）
第九代	天之火山男神	スメンカラー
第十代	天之田原男神	トゥトアンクアメン（ツタンカーメン）
第十一代	高皇産霊神	アイ（クレオーン）

すでに私が本書で展開してきたアナグラム分析にだいぶ慣れてきた読者は、ここで私が何を言おうとしているか、すぐにおわかりになったことと思う。皆さんの参考のためにいくつかの例を挙げて説明すると、こういうことである。

日本神話の高天原〈古事記〉では第五代の〝天常立〟と第六代の〝国常立〟の間にいた右のような神々がすべて省略されているが、天常立をアメノジョウタツ、アメンジョプテツと読めば、この神がエジプト・テーベ王朝の初代の王、アメンホテップAmenhotepと対応することはハッキリしている。アメンホテップがアメンジョテップ、アメンジョプテツと変化したものに漢字を当てはめたのが〝天常立〟となっている。天常立比古の諱の神農ジンノウは、アメンホテップ一世の別名ジムヌヘテプJmn-ḥtpのジムヌJmnと見事に対応している。

次に第二代の天之御柱立は、これをテシミチュリフ、テシミチュイフと読めば、これは第二代のエジプト王トトメスの古い呼び名、デジェヒュティメスDjehutimesが訛ったテシフィチュメのアナグラム、テシメチュイフに天(テ)之(シ)御(メ)柱(チュ)立(イフ～リフ)の漢字を当てはめたものであることがわかる。

第三代の天之木合比女は、これをアマノキアウと読めば、第三代のハトシェプスト女王の別名マーケラーMaa-ke-rāのアナグラム、アマルケアーAmarkeāが訛ったものだし、第七代の天之水男は第七代エジプト王アメンホテップ四世ニンムリアNimmuriaのアナグラム、ミルニアン

Miruniamが訛ったムルニアンMurunianに水（ムル）男（ニアン）という漢字を当てはめたものだ。ムルは古代日本語と朝鮮語で〝水〟という意味である。天之水男の〝天之〟はアメンホテップの〝アメン〟を表わしている。

そして第八代の天之金山男についてみると、この〝金山男〟は、アクナトンAkhnatonとかイクエンアテンIkhenatenと呼ばれた第八代エジプト王アメンホテップ四世の名前、イクエンアテンと対応していることが読者にもわかると思う。つまり、イクテンアテンのアナグラム、ケンイアフテンkeniahtenのeがiに、hがmに、teがdaに変わったキンイアムダンKiniamdanに漢字を当てはめたのが〝金山男〟である。金山男の別名の農谷ノウヤが、アメンホテップ四世の別名ナフリアNafriaのrが落ちたナフイアNafiaに由来することは言うまでもないだろう。

ここまでくればもはや読者は、私がこと細かく解説しなくても、第十代の〝天之田原男〟が第十代のエジプト王トゥトアンクアメンTutankhamenのアナグラム、アムツタクンネAmtutakhnneに天（am）之（tu）田（ta）原（khn）男（ne）という漢字を当てはめたものであることが容易に理解できるだろう。

また、第十一代の〝高皇産霊〟が第十一代エジプト王アイAyのギリシャ名クレオーンKreon（摂政王）のアナグラムに漢字を当てはめたものである、という点もおわかりいただけるだろう。残る我らの祖神とエジプトのファラオとの対応関係を見つけだす作業は、すべて読者にお任せしよう。

『新撰姓氏録』に記されたアフリカ、地中海方面の出身者

以上のように見てくると、私たちは本当にとんでもない世界に足を踏み入れてしまったものである。あなたもそう思わないだろうか。

我々の祖先はインドの〝高天原〟にいただけでなく、その前はエジプトの〝高天原〟にいたなんて、この本を読まない人にはとても理解してもらえないにちがいない。けれども、これは本当のことである。読者は、我々クル族の祖先が、かつてインドでもエジプトでも活躍した本当にすばらしい人たちだったことを、私といっしょに喜びたい気分にはならないだろうか。

私の見るところトトメス三世やハトシェプスト女王の顔立ちは、あなたや私たちの父、母の顔立ちとそっくりである。また、我らの愛すべき〝高皇産霊〟、つまりのちに高木の神と呼ばれたテーベ王朝最後のファラオ、インドのクル族に『マハーバーラタ』の作者クリシュナ・ドヴァイパーヤナとして尊敬された我らクル族の大祖アイ（クレオーン）は、ツタンカーメンの王墓に左ページのようなすばらしい人物として描かれているのである。

このアイとその息子たちがインドへ来た事情は『宮下文書』に書かれているとおりだし（一〇五ページ参照）、アイ以前の時代に我々の祖先がアフリカやヨーロッパでも活躍したことは、『新撰姓氏録』に次のように記されていることからもハッキリしている。

左はエジプト・テーベ王朝第十代のファラオ、ツタンカーメン（天之田原男）。右はテーベ王朝最後の第十一代ファラオ、アイ（高皇産霊尊）

清道連（きよみちのむらじ）
　出自百済国人恩率納比旦止也。
為奈部首（いなべのおびと）
　出自百済国人中津波手也。
道祖史（みちのをやのふひと）
　出自百済国主捐許里公也。
蜂田薬師（はちだのくすし）
　出自呉国人都久爾理久爾也。
三野造（みののみやつこ）
　出自百済国人希須麻乃古意彌也。
城篠連（しろしののむらじ）
　出自百済国人達率支母未恵遠。
牟佐呉公（むさのくれきみ）
　呉国王子青清王之後也。

清道さんのご先祖がアフリカのスーダンにあったエチオピア朝エジプト時代の都、ナパタNapataから来られたことは、ここに〝シンドウ〟の人〝清道〟連が「納比旦止の百済国人の出である」と書かれていることからわかる。納比旦はナパタの当て字であり、納比旦止はナパタの地ta を表わしている。清道はスーダン~スンダアの当て字だ。

ナパタは今のスーダンの北部にあるクシュ王国の都で、紀元前九世紀から紀元前六世紀に栄えた古代エチオピアの首都である。ナパタのクシュ王は紀元前八世紀から紀元前七世紀にかけてアフリカ全土（ソマリアからモロッコ）に広がるエジプト第二十五王朝（紀元前七五一~六五六年）の王となった。その王の中でも、紀元前七世紀の前半に活躍したタハルカ王（紀元前六九〇~六六三年在位）は、私が解読したマリ共和国の古代碑文によれば、〝タナア・ニニギ〟〝タルハカ王(マリク)〟〝タルハカなクシュ神(カムイ)〟〝タナア・ルワンダ〟として古代オリエント世界に勇名をはせた王で、ひょっとしたら清道さんのご先祖はこのタルハカ王すなわちタハルカ王だったかもしれない。

このタハルカ王の時代に日本人の祖先がアフリカや地中海方面でも活躍したことは、ギリシャにタハルカにちなむタバルカイン半島、つまり今のバルカン半島の地名があることでもわかる。古代の地中海が〝クル（カル）の海〟と呼ばれたことでもわかる。

紀元前五世紀のギリシャの歴史家ヘロドトスも、『歴史』の中でこの頃活躍した我々の祖先をカーリア Karia 人＝クル族として紹介している。ヘロドトスによれば、我々の祖先は小アジア（トルコ）、クレタ、ギリシア、イタリア、チュニジアの古代都市カルタゴ、エジプトなどにいたと書かれている。エジプトのカルナックは〝カルの国〟に由来している。そのエジプトにいた日本人の祖先のひとりが、清道連の次に記した為奈部首(いなべのおびと)である。

【上】サハラ砂漠（マリ共和国北東部）の岩に刻まれた日本の古代文字
【左】タナア（ケニア）に向かって移動する古代クル族の女性（サハラ砂漠　タッシリ遺跡の壁画）

為奈部さんのご先祖は、『新撰姓氏録』によれば、どうやらエジプトのテーベの少し北にあった古代の〝黄金の地〟ヌブトNubt、ナカダNaqada～コプトスCoptosのあたりにいたらしい。それは、〝ヌブト〟に漢字を当てはめたのが〝中津波手(ナツパテ)〟（k音脱落）になるだけでなく、為奈部首(イナブシュ)のアナグラムの為部奈首イブナシュが、ナカダの北方およそ二十キロメートルのところにある古代都市の名、エル・バルラースEl Ballasの最初のlが落ちて次のllがnに転訛したイブナーシュに由来しているとみられるからである。

このエル・バルラース遺跡にはインドのデカン高原でも同様に見つかっている小枝や泥漆喰でできた住居の跡や、その数九百とも言われる多くの墓があり、住居跡からは日本のものとよく似た土器や石器、装身具などがたくさん見つかっている。

ヘロドトスはエジプトにいたカーリア人について、「実際にエジプト人と言語を異にするものでエジプトに定住したのは彼らが最初で、彼らが立退く以前に居住していた地域には、船渠や住居趾が私の時代まで残っていた」（松平千秋訳『歴史』巻二第一五四節）と述べているが、そのカーリア人とは、のちの日本で造船や建築にすばらしい手腕を発揮した猪名部(いなべ)一族の祖先ではなかったろうか。

猪名部一族の頭領とみられる為奈部首の、その祖先が、スーダンにあったクシュ王国の都ナパタと同じ〝黄金の地〟を意味するエジプトのヌブトに住んでいたことは大いに考えられるし、ヘロドトスがエジプトにあったと記している「陣屋」の地に実際に行ってみれば、このことがハッキリと確認できるかもしれない。

中国の『史記』にもクル族の歴史が書かれている

このようなことは、私が為奈部首の次にご紹介した道祖史（みちのをやのふひと）についても言える。道祖の史とは、私の見るところ、どうやら古代ケニアの港湾都市として大いに栄えたモンバサの長か史官だったらしい。道祖はふつうミチノヲヤと読まれているが、これはミチノソとも読める。ミチノソがモンバサMombasaに由来すると言ったら飛躍があるが、ミチノソはミチバソであり、ミンバソである。

道祖（どうそ）さんのご先祖がかりにケニアのモンバサにいたとすると、モンバサの長は、ケニアの首都ナイロビからタンザニアへ向かって百五十キロメートルほど南へ行った国境地帯の古代都市、エンガルクーの都をかつて治めた王の一族だったと言える。

エンガルクーは古代の東アフリカに栄えた伝説のアサニア王国の都があったところらしく、ここには今も七千戸近い立派な石造家屋の跡が残っている。エンガルクーEngarku、ないしエンガルカEngarkaは、モザンビークとジンバブエの国境地帯にあるもうひとつのエンガルクーをニイケルクNiekerkと呼んでいる例から見ると、どうやら〝新カル国〟〝新クル国〟という意味らしいのだ。

そのエンガルクーの王が、『新撰姓氏録』に〝捐許里公（エンコリコー）〟として載っている。〝捐（エン）〟の字は〝挨（アイ）〟とも書かれているが、かりに挨許里公、アイコリコーだとしても、これはニイクルクーNiekurku

のnの音が落ちたものと考えられる。この揖許里公、挨許里公が道祖さんの祖先とされているからには、道祖さんはケニアの新クル国王の子孫で、エンガルクーからモンバサを経て、インドへ、日本へとやってきたのではなかろうか。ケニアのエンガルクーやジンバブエのニイケルクーに、今の我々が想像もできないほど見事な石の道路や巨大なダム、運河、鉱山の跡が無数に残っている、ということは何を意味しているのだろうか。

日本人の祖先がアフリカにもいたことを信じられない人は、道祖史の次に記された蜂田さんの祖先が〝呉〟の国の〝都久爾理久爾（つくにりくに）〟からやってきた、という『新撰姓氏録』の記述をどのように読み解くか、その答えを誰にもわかるように示してほしい。

これまでの研究者は『新撰姓氏録』に書かれた奇妙な人名をただ、昔の人はずいぶん変わった名前をつけたものだなぁ、というくらいにしか軽く考えていなかったが、それはとんでもない。いや、軽く考えていたわけではなく、実のところ以前の私も含めて、なんのことかサッパリわからなかった。

ところが、ここでアフリカの地図をよく見てほしい。そのアフリカのケニアに注目してみれば、ケニアの北には、何と、ツルカーナ Turkana という湖があるではないか。要するに、『新撰姓氏録』の都久爾理久爾ツクニリクニは、このツルカーナのアナグラム、ツカナル Tukanar の母音が変化したツクニル Tukunir に都（tu）久（ku）爾（ni）理（r）の漢字を当てはめた〝ツルカーナ〟の国人を表わしていたのである。

しかも、〝都久爾理久爾〟が〝呉〟の人だと『新撰姓氏録』に記されていることは、この〝呉〟

がケニアkenyaだったことを意味している。中国の『史記』に記された紀元前七世紀から紀元前六世紀の大国、〝呉〟は今のケニアにあったことを意味している。そればかりではない。この呉と争ったことで知られる「呉越同舟」の〝越〟が、エチオピアEthiopiaにあったことをも意味している。

これは本当にますます信じられないことだが、『史記』に書かれている地名や人名をケニアやエチオピアの地名、人名と比べ、そこに書かれている歴史を古代のケニアやエチオピアの歴史とつき合わせてみれば、呉の国や越の国の本拠地はかつてアフリカにあり、のちの時代にここから中国に移り住んだ人たちが、その故国にならって新しい移住地に元の国名と地名を移したことがわかってくるのである。

しかし本書ではそこまで取りあげてお話する余裕がないので、意欲的な読者はこのような観点からもう一度『史記』を読み直して、我々以外の誰も知らない発見を大いに楽しんでもらいたい。

ともかくも蜂田さんのご先祖が、インドやインドネシアにある〝メルー山〟と同じ名をもつケニアのメルーMeruの山、中国や日本で〝須弥山（しゅみせん）〟として知られている神々の山のふもとに〝新呉（ニィクル）国（クー）〟を作った我らクル族の王〝揖許里公〟の同族として、ケニアの北に〝ツルカーナの国〟を作ったことは読者にもおわかりいただけたと思う。

蜂田さんの次に掲げた三人の方々、三野さんの出身地がソマリアの港キスマユ＝希須麻乃であったり、城篠（ジョウショウ）さんの出身地がキスマユの北にあるモガ・ジシオの港やジュバ＝支母、マイオ＝末恵遠（マエヲ）であっても何もおかしくはないし、牟佐呉公の祖先がケニアの東方海上にあるセイシェル＝青清の王だとしても不思議はない。ケニアでは日本の縄文土器も出土している。

一億二千万人の日本人のルーツは？

『新撰姓氏録』に記された我々クル族の出身地は実に広大な広がりをもっている。そのひとつひとつを紹介していけば、一億二千万の日本人のほとんどのルーツがわかる。そのすべてを私ひとりで明らかにすることはとてもできそうにもない。自分のご先祖のルーツを明らかにするのは、あなたをおいて他にはいない。読者の皆さんの努力がなければ、私ひとりでこのようなことを明らかにしていくのはとても無理である。

そこで次に掲げる二十人の方々のご先祖についても、それ以外の方々のご先祖についても、私にそれだけの時間的な余裕とお金の余裕があれば、もっともっと多くのことを、疑問の余地なく明らかにできると思う。しかし今は、私の調査結果の結論部分だけを書くことをお許しいただきたい。

半毗氏（はんぴし）　百済国沙半王之後也。　シャバの都ルブンバシにあってザイールを治めたシャバ王の子孫。

真野（まのの）造　百済国肖古王也。　シャバの鉱山マノノの出身。ウガンダのイシャンゴの王の子孫。

舎人（とねり）
　百済国人利加志貴王之後也。
枌谷造（そぎや）
　出自百済国人堅祖州耳也。
大石椅立
　出自百済国人庭姓蚊爾也。
出水連
　出自高麗国人後部能致元也。
福當連
　出自高麗国人前部能虽婁也。
島岐史（しまきのふひと）
　出自高麗国能郊王也。
島史（しまのふひと）
　出自高麗国和與也。
桑原史（くはばらのふひと）
　出自狛国人漢胥也。
刑部（おさかべ）

シャバの鉱山リカシの出身。
ザイールの首都キンサシャの出身。
ザイールの都市キサンガニの出身。
ザンビアの鉱山ヌチャンガの出身。
ザンビアの鉱山ヌードラの出身。
ナイジェリアのノクの王の子孫。
ナイジェリアのオヨの王の子孫。
カメルーン～アンゴラのクバンゴの出身。

出自百済国酒（さか）王也。

百済公

出自百済国酒王也。

林

林連同祖。百済国人木貴之後也。

大石林

林連同祖。百済国人木貴之後也。

不破勝（ふはのすぐり）

百済国人淳武止等之後也。

岡連（おかのむらじ）

市往公同祖。日図王男安貴之後也。

市往公

出自百済国明王也。

高安漢人（たかやすのあやひと）

出自狛国人小須須也。

祝部（はふりべ）

ザンビアの首都ルサカの王の子孫。

同右

ルワンダの首都キガリの出身。

同右

ブルンジの首都ブジュンブラの出身。

イタリアの都市ルッカの出身。ピッツァ（ピサ）の王の息子アンコナの子孫。

イタリアのセッチア川流域を治めたリミニの王の子孫。

イタリアのナポリからローマに至るカプア〜アラリアの海岸を治めたクマエの国の人。ローマの外港オスティアにその名をとどめるオススの子孫。

かつてカルクーと呼ばれたイスラエルの都サマリア

工造同祖。呉国人田利須須之後也。　にいたタルシシ艦隊の司令官タリススの子孫

長背連（ながせのむらじ）　かつてカルクーと呼ばれたサマリア（スムル）の王

出自高麗国主鄒牟（すむ）一名朱蒙也。　の子孫

（『日本とユダヤ謎の三千年史』自由国民社刊参照）

失われた〝クルの宝〟を求めて

さて、読者の皆さん、いかがだっただろうか。私が本書でとりあげた『新撰姓氏録』が、どれほど多くの秘密を今もなお隠しているか、おわかりいただけただろうか。この書物には、あなたの祖先の、我々日本人の祖先のいまだに解き明かされていない大きな秘密が隠されている。

私が本書でとりあげたことはあまりにもテーマが大きすぎて、とても私ひとりの手には負えない。皆さんの協力が必要である。だから、どうか皆さんも、私といっしょに日本人の祖先、クル族の謎に包まれた歴史を明らかにしてほしい。かつてこの地球の大空にはばたいた〝天日鷲（あめのひわし）〟の、偉大なるバーラタの歴史、クル族の大いなる秘密の歴史を明らかにしてほしい。このテーマは私ひとりが手がけるには大きすぎる。みんなで手分けして調べなければどうしようもない、それほど大きな、重大な問題である。

私はすでに、今見たインドやアフリカ、ヨーロッパだけでなく、オセアニアやアメリカ大陸でも、

我々日本人の祖先、かつてクル族と呼ばれ、カラ族と呼ばれ、カーリア、フルリ、フラニ、フルニオと呼ばれた我々日本人の祖先が活躍していた証拠をつかんでいる。私は、そのクル族が世界の各地に残した碑文のいくつかをすでに解読した。本書の冒頭でとりあげた日本の古鏡は、それらの〝未解読碑文〟のほんの一部にすぎない。

私はこのような証拠を皆さんと共有したいと思っている。それは私ひとりの胸の内にしまっておくだけでは済まされない、みんなのものだと思っている。本書を読まれた皆さんが求めるなら、私はそれをどんどん公表したいと思っている。あなたが求めるなら、私はどこへでも行く。

我々はいつの日か、かならずや〝クルの宝〟を再び見つけ、大空にはばたくであろう。そしてその大いなる宝、我らクル族の祖先がかつて地球の迷宮、アガルタの地下都市に隠した古代宇宙文明の遺産は、今や我々の目前にある。

本書を手にした皆さんが、ひとりでも多くの方を我ら〝クル族〟の仲間に迎え入れてくださるなら、私は皆さんとともに〝クルの宝〟を発見する旅に出かけたい。なぜなら、すでに日本の古代文字で書かれた地下都市碑文には、「ここに我がクルの宝集めしめ、のちの世に伝へて礎(いしずえ)たらしめむ」と記されているからである。

高橋良典　たかはし よしのり
日本学術探検協会会長、地球文化研究所所長、地球マネジメント学会理事。東京大学経済学部卒。著書に『諸世紀の秘密』（自由国民社）、『大予言事典』（学習研究社）、『太古、日本の王は世界を治めた！』（徳間書店）、『太古日本・驚異の秘宝』（講談社）、『超古代世界王朝の謎』『縄文宇宙文明の謎』（日本文芸社）など多数。

日本学術探検協会
地球文化研究所を母体に、80年代から活動を開始。日本人の祖先カラ族が紀元前の地球各地に残した地下都市と未解読文字の調査を精力的に進めている。主な編著書に『ムー大陸探検事典』（廣済堂出版）、『地球文明は太古日本の地下都市から生まれた!!』『古代日本、カラ族の黄金都市を発見せよ!!』（飛鳥新社）などがある。

本書は1990年、徳間書店より刊行された『謎の新撰姓氏録』の復刻版となります。

〔超復活版〕謎の新撰姓氏録

第一刷 2021年3月31日

著者 高橋良典

発行人 石井健資

発行所 株式会社ヒカルランド

〒162-0821 東京都新宿区津久戸町3-11 TH1ビル6F
電話 03-6265-0852 ファックス 03-6265-0853
http://www.hikaruland.co.jp info@hikaruland.co.jp

振替 00180-8-496587

本文・カバー・製本 中央精版印刷株式会社

DTP 株式会社キャップス

編集担当 TakeCO

ISBN978-4-86471-965-0

ともはつよし社　好評既刊！

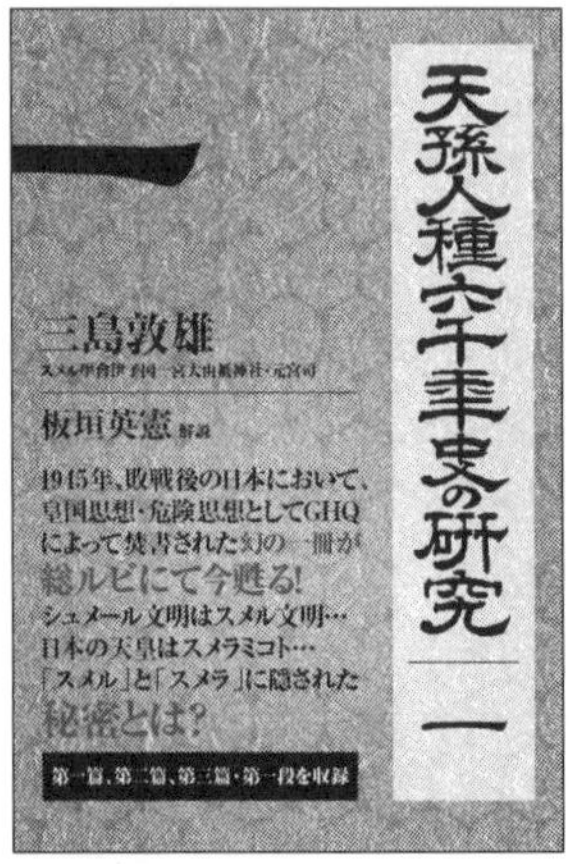

天孫人種六千年史の研究【第１巻】
著者：三島敦雄
解説：板垣英憲
本体 3,333円+税

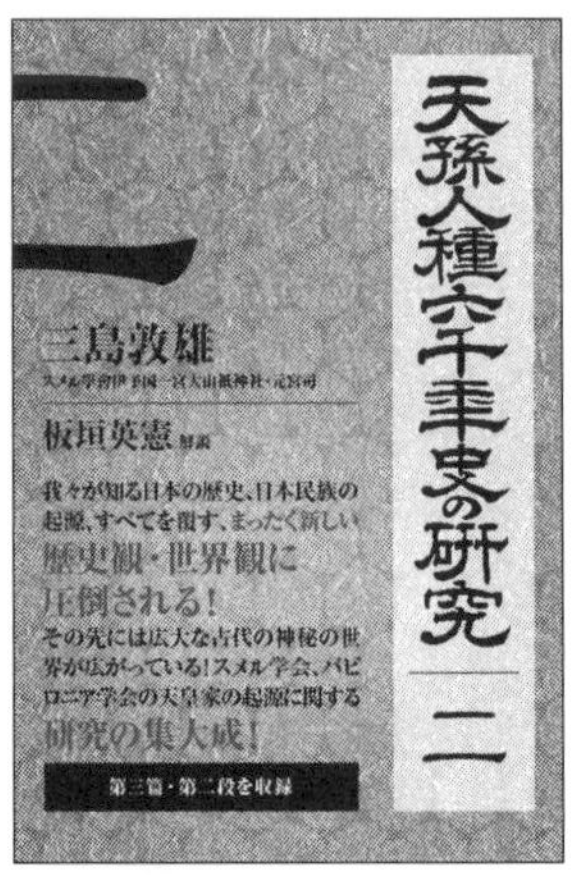

天孫人種六千年史の研究【第２巻】
著者：三島敦雄
解説：板垣英憲
本体 3,333円+税

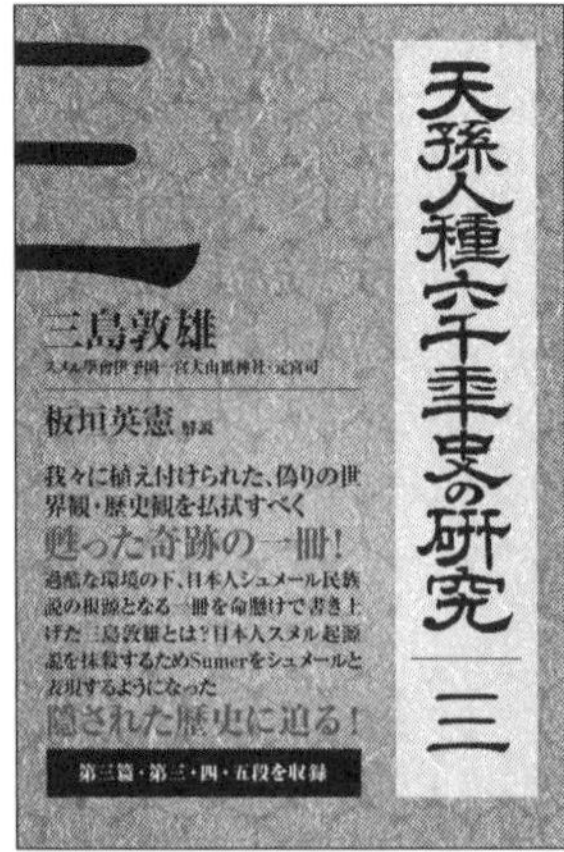

天孫人種六千年史の研究【第３巻】
著者：三島敦雄
解説：板垣英憲
本体 3,333円+税

古代日本を中国の属国に仕立て上げた
歴史捏造の現場検証
超天才・陳寿が仕組んだ
「魏志倭人伝」《日本貶め》のからくり
正氣久嗣
倭国は日本ではない!
韓国の影の存在としてでっち上げられた架空の国だった!
「魏志倭人伝」は占いの書!
その破壊的超POWERの真実を開示する!

「魏志倭人伝」《日本貶め》のからくり
著者：正氣久嗣
本体 3,333円+税

ともはつよし社　好評既刊！

神一厘の仕組
人類一斉の仮死状態から蘇生する
「選ばれし者」が目にする新生地球とは！
孝明天皇と大本裏の神業《上》
伊達宗哲［著］
［大峠前の預言警告］→［大峠時の人類救済］→［大峠後の祭政一致の神政国家の樹立］
新天地創造までの大激変がわかりやすく解説された一冊
「天地のビックリ箱を開けて、神力を見せてやる」とは、
傾斜した地球の地軸を神力により元の位置に復元する宇宙的な大変動であった！

孝明天皇と大本裏の神業《上》
著者：伊達宗哲
本体 3,333円+税

神一厘の仕組
［試練の二十一世紀］を乗り越え、
宇宙の完成時代へと向かう旅が始まる！
孝明天皇と大本裏の神業《下》
伊達宗哲［著］
今後いかなる大変動が地球にもたらされようとも「救世は確約」されている……
大本裏の神業の核心的意義に迫る究極の一冊
大本裏の神業を生涯かけてやり遂げた集団は、神狂いの理解不能の奇人変人集団だったのだろうか、
妄想狂の人々だったのだろうか……本書を読めばその真実がわかる！

孝明天皇と大本裏の神業《下》
著者：伊達宗哲
本体 3,333円+税

紊乱の世界に疲れ果てた人類よ、ここに還れ！
天皇と竹内文書とフリーメーソン
宇宙中心の《光の雛型》はスメラミコト！
正氣久嗣
スメラミコトは日本人とその歴史を貫く中心をはるかに超えて
地球すべてを《言向け和すその仕組み》の巨大なる秘密
『正しい霊（スメラミコト）と邪な霊（フリーメーソン）』の完全復刻版

天皇と竹内文書とフリーメーソン
「宇宙中心の《光の雛型》はスメラミコト！」
著者：正氣久嗣
本体 3,333円+税

痛快!!宇宙の謎を解く究極の言霊学
《光透波理論》の
全貌
新しい世界を切り開く
キーワードは
〈言葉の浄化〉である
宿谷直晃
SYUKUYA NAOAKI
最大の謎は宇宙の真理……
究極の言霊学（光透波理論）で「文字の方程式」を解けば言葉に秘められた宇宙の真理が見えてくる！
人は言葉の神性に目覚め言葉を正さなければいけない！
悪しき言葉を使えば悪しき世界が、良い言葉を使えば良い世界が待っている……
嘘・偽り・謀略・エゴ……
悪しき言葉で満ちた世界を変える術がここにある！

《光透波理論》の全貌
新しい世界を切り開くキーワードは〈言葉の浄化〉である
著者：宿谷直晃
本体 3,333円+税